다시, 집으로

한 번의 경험과 호기심에 시작된 마약중독에서 벗어나

다시, 집으로

초판 1쇄 인쇄 2022년 11월 31일
초판 1쇄 발행 2022년 12월 7일

지은이 서경희

발행인 백유미 조영석
발행처 (주)라온아시아
주소 서울특별시 서초구 효령로 34길 4, 프린스효령빌딩 5F

등록 2016년 7월 5일 제 2016-000141호
전화 070-7600-8230 **팩스** 070-4754-2473

값 18,000원
ISBN 979-11-6958-008-3 (03330)

※ 라온북은 (주)라온아시아의 퍼스널 브랜드입니다.

한 번의 경험과 호기심에 시작된 마약중독에서 벗어나

다시, 집으로

서경희 지음

RAON BOOK

서문

회복(Homing, 호밍)

커밍홈(Coming Home), 중독에서 돌아오는 길

아이들은 어떻게 중독에 빠지는가

지난 15년간 미국 필라델피아에 있는 뉴비전청소년센터에서 마약중독으로 힘들어하는 청소년과 부모님을 상담하고 재활을 돕는 일을 하며 보냈다. 여느 나라와 마찬가지로 미국에서도 청소년 시기에는 부모와 갈등이 있고 또래 친구들과 어울리는 데도 어려움이 있지만, 한국과는 달리 미국의 청소년들은 마약에 너무나 많이 노출되어 있다. 청소년기에 겪는 여러 가지 고민과 인간관계에서 오는 스트레스를 마약으로 풀기도 하고, 파티에 마약을 가지고 오는 경우도 흔하다. 하지만 처음에는 호기심으로 시작하더라도 마약은 중독성이 강한 만큼 마약중독에 빠진 청소년들이 점점 늘어나 사회문제로 떠오르고 있는 것이 현재 미국의 실상이다.

청소년들의 중독 문제는 개인뿐만 아니라 가정과 학교, 사회적으로 심각한 문제로 대두되어 마약중독 예방을 위한 캠페인과 교육을 위한 프로그램들이 많이 운영되고 있다. 그럼에도 불구하고 미국에서는 마약중독자가 점점 늘어나 중독치료 시설을 어느 곳에서나 쉽게 볼 수 있다.

미국은 대부분의 지역에서 대중교통이 거의 없고 자가용을 이용하기 때문에 부모님의 도움 없이는 청소년들이 이동하거나 외출하기 어렵다. 이러한 환경 때문에 청소년들은 주로 부모님이 안 계시는 집에서 일탈을 일삼고 마약을 한다. 집에서 안전하게 친구들과 어울리며 공부할 거라는 어른들의 예상과 다른 현실이다. 딱히 갈 곳 없는 아이들은 집이라는 공간에서 무료함과 지루함을 해소하고자 일탈을 하는 것이다.

더구나 교육의 장소로 신뢰받는 학교도 지금은 안전하다고 말하기 어렵다. 미국의 중고등학교는 방과 후 다양한 활동과 클럽이 활성화되어 있다. 학교에서 주최하는 학년별 졸업 파티나 친구들과의 생일 파티 등에서 흔히 마리화나와 전자담배를 접하게 된다. 또래 친구들이 권하는 마약은 거부감도 크지 않은 데다 평소 한 번쯤 해볼까 하는 호기심이 발동하거나 친구의 압력으로 시작하기도 한다.

처음에는 중독이 거의 없는 것들로 시작하지만 점점 더 강한 자극을 원하면서 마약 성분을 찾게 된다. 마약중독으로 신체와 정신적으로 피폐해지면서 또 다른 친구에게 피해를 입히는 가해자로 변해가는 경우도 흔하다. 마약을 하는 청소년의 일부는 한 단계 더 나아가 마약을 판매하면서 폭행과 사건 사고에 연루되기 쉽다.

교포 사회도 마약으로 인해 고통받고 힘들어하는 가정이 많다.

자녀가 마약을 한다는 사실을 알게 된 부모들은 어디서부터 무엇을 해야 할지 몰라 힘들어하다 뉴비전청소년센터로 연락해 온다.

커밍 홈, 가족은 언제나 희망이다

뉴비전청소년센터는 미국 동부 지역에는 웬만큼 알려져 있다. 마약으로 인한 응급 상황이 발생하거나 어려움을 겪고 있다면 인근 뉴욕과 델라웨어 그리고 버지니아주에서도 한달음에 달려온다. 자녀들을 설득해 함께 방문하는 경우도 많고, 가끔 한국과 일본에 살고 있는 분들도 상담 요청이 오곤 한다.

상담을 통해 청소년과 부모님을 만나보면 마음 아픈 사례들이 많다. 부모님의 체면과 자존심 때문에 자녀의 상담을 쉬쉬하며 빨리 끝내려는 경우, 자녀의 고민을 충분히 이해하지 못하고 가볍게 치부하는 경우, 마약 소지와 판매에 연루되어 법적 문제가 해결되면 곧바로 치유를 중단하는 경우, 몇 개월의 치유와 재활을 끝내고 다시 생활 현장으로 돌아간 지 얼마 되지 않아 다시 마약중독으로 만나는 경우도 있었다.

제대로 된 상담을 통해 치유와 사회 복귀 훈련이 되지 않으면 또다시 유혹의 상황으로 내몰릴 가능성이 크다. 작은 유혹도 이기지 못하고 다시 마약에 손을 대는 것이다. 그래도 짧게 또는 몇 년씩 재활 과정을 거치며 새로운 삶을 시작하고자 노력하는 사람들을 상담하고 힘겨운 시간들을 함께 보낸 것은 보람된 일이었다.

매일 끝이 보이지 않는 어두운 터널을 지나가는 것 같지만 한 명의 중독자에게라도 도움이 될 수 있기를 간절히 바라는 마음으로 보낸 시간이었다. 절망과 좌절을 경험하는 때도 많았지만 그들이 다시 회복해 일상으로 복귀하는 모습을 보면 그 모든 힘겨운 시간을 잊어버리고 가치 있는 시간이었음을 깨닫는다.

특히 J의 부모님이 보여준 헌신적인 모습은 오래도록 기억에 남는다. 그는 대학에 다니면서 마약에 중독되어 결국 학교를 중단하고 말았다. 그런데 상담과 해독 그리고 재활을 거쳐 다시 학교로 돌아가 학업을 마칠 때까지 J의 부모님은 포기하지 않았다. 상담도 적극적으로 참여하며 쉽지 않은 J의 재활 시간을 응원하며 인내하고 기다렸다. 부모님과 가정은 언제나 마지막까지 희망이자 사랑임을 보여준 사례였다.

그러나 J의 부모님처럼 지원하기는 쉽지 않은 일이다. 중도에 포기하거나 치유센터로 보내고 나서는 한 번도 찾아오지 않는 부모들도 있다. 치료 후 집으로 돌아가도 새로운 갈등과 다툼이 생겨 다시 집을 나와 지역의 재활센터나 길거리로 내몰리는 경우도 많다.

2019년 9월 미국에서는 마약 위기 극복을 위해 주와 지방자치단체에 약 2조 4억 원에 달하는 보조금을 지급한다고 밝혔다. 마약중독자의 치유와 회복을 돕고 관련 기관들을 지원하기 위한 비용으로, 그만큼 마약중독으로 인한 피해가 인적, 물적으로 심각한 상황에 내몰려 있다는 증거다.

미국은 마약에 대한 규제와 처벌도 강하지만 중고등학생들을 위한 마약 예방 캠페인을 비롯해 지역마다 다양한 프로그램들이 활발하게 진행되고 있다. 마약재활센터도 곳곳에 있고 경제적 문제로 치료받지 못하는 사람들을 위해 무료 입소를 지원하는 단체도 많다. 자신의 의지만 있으면 누구나 치료받는 데 어려움이 없다.

한국도 더 이상 마약청정국이 아니다

이 책을 준비하는 동안 한국을 방문해 마약 퇴치 운동을 위해 애쓰는 분들과 한국의 상황을 돌아보았다. 현장의 상황을 누구보다 잘 아는 전문가들의 이야기는 뉴스 내용과 별반 다르지 않았다. 인터넷을 통해 마약을 사용하는 나이가 점점 어려지고, 해외에서 거주한 경험이 있는 젊은 층들이 온라인으로 쉽게 구매하고 있다. 하지만 마약중독을 처벌의 대상으로 볼 뿐 치료의 대상으로 보고 있지 않았다.

마약중독은 처벌로는 결코 해결되지 않는다는 것을 이해하고 있으면서도 중독자들이 치료와 재활의 대상이기도 하다는 것을 인식하기에는 아직도 더 많은 시간이 필요해 보였다. 사회적 인식이 바뀌지 않았기 때문에 정부 지정 병원이 있음에도 이곳을 찾는 것조차 기피하는 실정이다. 인식의 변화와 함께 마약중독자들이 접근하기 쉬운 재활과 치료센터도 필요하다. 마약중독 문제가 점점 더 심각해지기 전에 어린아이 때부터 예방을 위한 캠페인과 교육을 늘려야 한다는 걱정과 우려의 목소리도 있다.

그래도 반가운 것은 온라인이기는 하지만 예전보다는 많은 중독자들이 적극적으로 N.A.(Narcotic Anonymoys, 단약 모임)에 참가하고 인원도 대폭 늘었다고 한다. 회복을 위해 중독자 모임에 참가하는 그들이 더 적극적으로 치유받을 수 있도록 사회적 인식이 바뀌어야 한다. 처벌과 벌금으로는 마약 문제가 결코 해결되지 않을뿐더러 사회 복귀는 더더욱 어려워진다.

우리 자녀들이 호기심을 가지는 마약의 위험성에 대해서도 이야기를 나눠야 할 때다. 마약이 얼마나 위험한 것인지 알지 못하고 단지 호기심으로 접근하거나 몰라서 피해를 입는 것을 줄이기 위해 어릴 때부터 적극적으로 예방 교육을 실시해야 한다. 또 마약만큼이나 위험한 것은 의사에게 처방받는 약을 과다복용하거나 다른 용도로 사용해 중독에 이르는 것이다. 자녀의 상황을 바르게 인식하고 치료할 때 더 심각한 상황으로 내몰리지 않고 사회의 일원으로 복귀해 살아갈 수 있다.

한국 사회도 마약의 위험에 점점 더 많이 노출되어가고 있는 상황에서 마약중독자를 범죄자로 규정하고 처벌하는 것만으로는 한계가 있음을 인식하고 중독치료를 위한 지원을 늘려야 한다. 위법사항에 대해서는 처벌과 동시에 치료와 재활의 기회도 확대해야 한다. 지금도 결코 빠른 것은 아니다. 얼마나 많은 중독자들이 있는지부터 정확한 조사가 이루어지면 이들의 치료와 재활을 어떻게 지원할 것인지 알 수 있다. 아직은 심각하지 않다는 생각으로 자꾸 미룬다면 한국 사회에서 중독자들은 점점 늘어나고 그로 인한 경제적 부담도 가중될 것이다.

마약중독자가 점점 늘어나고 있는 한국에서도 적극적인 예방 교육과 캠페인을 통해 마약에 대한 인식을 바꾸고, 중독자들이 쉽게 치료받을 수 있는 시설을 확대할 수 있기를 간절히 바란다.

1장은 마약의 위험성을 인지하지 못하는 사이 우리 주변에 너무나 가까이 다가와 있다는 것을 인식하고, 마약에 대해서 알지 못해서 치료의 필요성조차 모르는 안타까운 사례들을 모았다. 마약에 대해 조금씩 배울 수 있는 첫 단계가 될 것이다.

2장은 마약의 위험성과 심각성을 제대로 알지 못한 채 중독되어 삶이 망가지고 또 잠시 회복되었다가도 다시 중독되어서 살아가는 사례를 담았다. 자녀들이 심각한 상황에 빠지기 전에 마약에 대해 올바로 인식하는 계기가 될 것이다.

3장은 중독에 대해 이해했다면 치료를 위해 어떻게 해야 하는지를 알아본다. 적극적으로 치료에 임하지 않아 실패한 사례들을 통해 그와 같은 실수를 하지 않기를 바란다.

4장은 마약에 대해 관심을 가지고 바르게 알아야 제대로 대처할 수 있고 재중독률을 낮출 수 있다는 것에 대해 이야기한다.

5장 중독치료를 받고 나서 성공적으로 단약을 이어나가는 방법에 대해 이야기한다. 재중독이 될 수 있는 위험 요소는 줄일 수 있는 팁과 조언 등을 담았다.

6장은 미국의 마약 관련 비영리단체에서 시행하고 있는 캠페인과 교육, 재활 프로그램 그리고 마약재판소에서 처벌과 치료를 병행해 높은 성공률을 보이는 몽고메리 마약전문법원의 프로그램을 소개한다.

이 책의 내용은 개인적인 경험을 나누는 것이라 부족한 부분이 많다. 미국에서 실시하는 다양한 치료 프로그램들을 대표하는 것도 아니고 한국 사회에서 그대로 적용할 만한 프로그램이라고 보기도 어렵다. 비록 국민 정서가 마약에 대한 거부감이 아직도 큰 상황이지만, 이 책을 통해 현재 한국이 처해 있는 현실을 바르게 직시해 다양한 치료 시설이 생겨났으면 하는 바람이 있다. 다양한 프로그램들을 검토하고 한국 상황에 맞춘 프로그램들이 개발되어 중독치료에 도움이 되고 재중독을 줄여나갈 수 있기를 바란다.

서경희

CONTENTS

서문 회복(Homing, 호밍) 4

1장 **집으로 돌아오지 못하는 아이들**
마약의 위험성에 대한 인식

99% 부모들은 모르는 어두운 진실 19
클릭 몇 번이면 손에 들어온다 24
전 세계에 마약 안전지대란 없다 28
더 늦기 전에 알아야 할 것 33
치료의 끝은 가족으로 돌아가는 것 38
중독자에 대한 시선부터 바꾸자 43
중독, 빨리 인정할수록 빨리 벗어난다 47

2장 시작은 가볍지만 끝은 너무나 무거운 중독의 세계

삶을 파괴하는 마약의 심각성

꿈을 위해 시작했다가 꿈을 잃었다 55
호기심에 젊음을 날려버리다 59
성장기의 통과의례로 끝나지 않는다 64
단 한 번이 한 번으로 끝나지 않는다 68
삶의 자유가 아닌 삶의 파괴였다 73
통제되지 않는 일상 78
자녀를 향한 믿음과 의심의 줄다리기 82

3장 중독치료는 받아들이는 것에서 시작된다

마약중독 치료가 필요한 이유

세상에 가벼운 마약은 없다 89
중독은 자신이 판단하는 것이 아니다 95
자녀가 처한 현실을 직시하라 100
아이의 실수보다 더 문제는 부모의 태도 106
가족일수록 적극적으로 개입하라 111
가족의 중독을 나의 일처럼 받아들여라 116
희망을 잃어버린 청춘 121

4장

약물, 많이 알수록 멀리할 수 있다

중독을 일으키는 약물들

우리에게 너무나 익숙한 약물 129
빨리 치료할수록 빨리 벗어난다 135
혼자 이겨내기에는 너무 무거운 질병 141
중독자들을 사회가 껴안아야 하는 이유 148
전문적인 치료를 받아야 하는 이유 153
새롭게 시작할 수 있는 기회를 주는 것 159
끊는 게 아니라 참는 것 164
올바른 습관이 몸에 밸 때까지 168

5장

가족의 지지가 회복 성공률을 높인다

회복 성공률을 높이는 방법

치유로 나아가는 4단계 177
치료 성공률을 높이는 열 가지 방법 183
약물 해독제, 알고 사용하자 188
나에게 맞는 재활센터는 어디일까 194
같은 경험자들의 지지와 응원은 힘이 된다 201
가장 가까운 가족부터 이해하자 206
재중독 예방의 핵심, 트리거 관리 211
스트레스는 어떻게 중독으로 이어지는가 215
빠른 회복을 돕는 건강한 식습관 220
중독자 가족을 위한 열 가지 조언 225

6장

예방부터 중독 회복 이후의 삶까지

예방과 회복을 위한 프로그램

마약에 대한 경계를 늦추지 마라 235
예방 교육은 빠를수록 좋다 241
건강하게 사회로 나아가기 위한 대학교 프로그램 247
법원에서 관리하는 치료 프로그램 252
자녀 양육과 치료를 함께하는 프로그램 258
치료와 생활을 책임지는 재활치료 센터 263
응급 중독자를 위기에서 구하는 법 268

글을 마치며 271
감사의 말 274

1장

집으로 돌아오지 못하는 아이들

마약의 위험성에 대한 인식

99% 부모들은 모르는 어두운 진실

학교는 더 이상 안전지대가 아니다

여느 나라 못지않게 미국에서도 아이들의 등교는 부산스럽고 정신없지만 행복한 시간이다. 한국과 다름없이 아이들은 일어나기 싫어서 투덜대고, 아침은 먹는 둥 마는 둥 가끔 빈속으로 학교에 가고, 아이들 뒤통수에 대고 걱정 어린 잔소리를 하는 부모의 모습이 흔히 볼 수 있는 아침 풍경이다. 이처럼 부산한 아침이 희망으로 가득해 보이는 것은 아이들이 학교에서 공부하고 다양한 활동을 통해 몸과 마음을 성장시킬 것이라고 믿기 때문이다.

그러나 오늘날 미국의 초중고는 더 이상 안전지대가 아니다. 왜냐하면 마약에 너무나 많이 노출되어 있기 때문이다. 교실 복도에는 마약의 위험을 알리는 포스터가 붙어 있고, 상담실에는 마약 예방 캠페인 팸플릿이 다양하게 비치되어 있다. 학교 수업을 마치면 교내에서 클럽 활동을 하지 않거나 방과 후 학원을 다니지 않는 아이들은 스쿨버스를 타고 집으로 돌아온다. 문제는 방과 후 활동 전후에 친구들과 모여서 마리화나를 피운다는 것이다. 한번 해보라며 권하는 친구들도 있고, 아예 마리화나를 피우기 위해 모이는 친구들도 있다. 한 번쯤은 거절하며 피할 수는 있지만, 계속되는 권유에는 거절하기도 힘들어서 결국은 마리화나를 피우게 된다. 청소년들은 용기 없는 나약한 모습, 실패자나 루저(Loser)로 보이기 싫어서 친구가 권하는 마리화나를 거절하지 못하는 경우가 많다. 어른들의 시선으로는 이해하기 힘들지만 청소년 시기에는 학교와 친구가 사교의 상당 부분을 차지하기 때문에 친구의 권유를 뿌리치기 쉽지 않은 것이다.

미국은 중고등학교 친구들과 학교의 클럽 활동, 파티 등 어디서나 쉽게 마리화나를 구할 수 있기에 12~14세에 마약을 시작하는 경우가 가장 많다. 친구들끼리 모여서 마리화나를 해도 크게 신경쓰지 않고 단속도 거의 하지 않아 학교는 어느새 마리화나를 사고파는 장소가 되었다. 학교 로커(Locker)에 마리화나를 넣어두었다가 문을 열고 냄새를 맡는 아이들도 있다. 학생들이 흔히 가지고 있고 권하기도 하다 보니 공부나 가족들로 인해 스트레스를 받으면 쉽게 마리화나를 시작하게 된다. 담배만큼이나 구입하기 쉽게 때문이다.

미국약물남용연구소(NIDA)는 4년간(2014~2017년) 8학년, 10학년, 12학년 학생을 대상으로 마리화나와 엑스터시 등 약물을 사용한 경험에 대한 설문조사를 발표했다. 2014년 8학년이 마리화나를 피운 비율은 15.6%였으나, 2016년 10학년이 되었을 때 29.7%로 증가했다. 2015년 10학년이 마리화나를 피웠다는 응답자는 31.1%였고, 2년이 지난 후 2017년 12학년이 되었을 때 마리화나를 피웠다는 응답자는 45%로 높은 수치를 나타났다. 12학년이 되면 10명 중 4명이 마리화나를 피운다는 것이다.

매년 미국국립보건원에서 396개교 공립과 사립학교의 8학년, 10학년, 12학년 청소년 총 2,531명에게 '약물 사용과 실태'에 관한 조사를 실시한다. 그 결과 지난 1년간 마리화나를 한 번 이상 피워본 학생이 35.7%, 강한 마약류(코카인, 헤로인, MDMA, LSD와 기타 화학약품 등)를 사용한 학생의 비율도 11%에 가까운 수치였다.

2000년 PDFA(Partnership for a Drug Free America, 약물 없는 아메리카 파트너십)의 연구에서는 아시안-아메리칸 12~17세의 청소년 5명 중 1명(20.1%)은 불법 마약을 사용해 본 경험이 있다고 발표했다. 12명 중 1명(8%)은 마리화나를 한 번쯤 피워보았으며 35.5%는 마리화나를 직접 구하는 일이 전혀 어렵지 않다고 응답했다.

뉴스나 마약중독 관련 연구소의 자료를 보면, 한국은 마약중독률과 유통량이 미국만큼 높지는 않다. 그러나 한국도 결코 마약으로부터 안전한 곳이 아니다.

마약은 단순한 일탈이 아니다

매년 5월이 되면 미국의 고등학교에서는 졸업 시즌을 맞이해 학교마다 '프롬 파티(Prom-Party, 고등학교 졸업 전 마지막 행사)'가 시작된다. 부모들은 드레스나 턱시도를 입은 자녀들의 멋진 모습을 보면서 기쁨과 뿌듯함을 느끼는 한편 긴장감을 늦추지 못한다. 고등학교를 곧 졸업하고 대학 입학을 앞둔 예비 성인으로 모두 들뜬 가운데 파티를 준비한다. 학교에서 주관하는 공식적인 파티가 끝나고 나면 친한 친구들 또는 각자의 파트너들과 함께 어울려 호텔이나 별장을 통째로 빌려서 파티를 즐긴다. 문제는 이 파티에서 술과 마리화나, 더러는 강한 마약을 한다는 것이다. 이때가 미국 전역에서 음주나 마약으로 인해 환각 상태에 빠진 고등학생들의 사건 사고가 가장 많이 일어나는 시기다.

모든 부모들은 자녀들이 건강하게 학교를 마치기를 바란다. 하지만 아이들이 성장하고 학습하는 환경은 아름답지만은 않다. 친구를 사귀기 위해 들어간 학교 클럽 활동이나 파티가 마약의 유혹에 빠지게 만든다.

미국 청소년들의 마약 사용은 심각한 상태인데, 한인 청소년들도 결코 예외는 아니다. 이러한 현상에 대해 지역 언론과 매체는 '한인 청소년의 마약 남용 실태와 현 상황'에 대한 보도를 통해 심각성을 알리고 있지만 예방을 위한 캠페인이나 대처 방안을 제시하지 못하고 있는 실정이다. 또 대부분의 한인들은 마약중독을 미국 주류사회의 문제라고 인식하거나 일부 청소년들의 일탈 정도로 생각한다.

마약의 위험으로부터 자녀를 지키기 위해서는 먼저 아이들이 활동하는 학교 환경과 마약에 대해 정확히 알아야 한다. 시도 때도 없이 다가오는 유혹들 앞에서 자녀들이 흔들지 않고 건강하게 성장할 수 있도록 스스로를 지켜 나아갈 수 있는 자존감을 키우는 것이 절대적으로 필요하다. 친구의 권유나 또래의 압력 앞에서 자신의 의견을 명확하게 밝히고 나쁜 유혹을 이겨낼 수 있도록 응원하는 것이다.

또 자녀의 변해가는 태도와 사용하는 언어, 신체적 변화를 세심히 살펴야 한다. 혹시나 미처 말하지 못하고 숨기는 것은 없는지, 만약 그렇다면 도움을 요청하며 말할 수 있도록 이끌어야 한다.

아이들은 흔들리고 넘어지며 성장한다. 자녀와 소통의 창구를 열어두고 열린 마음으로 대화하며 실수와 사고에 대해 함께 이야기하며 일상의 문제를 해결할 수 있어야 더 큰 문제로 이어지지 않는다.

클릭 몇 번이면 손에 들어온다

마약은 영화 속에나 등장하는 일?

언제부터인가 마약을 소재로 한 영화들이 점점 더 많이 제작되고, 더불어 마약을 하는 배경들도 다양하게 노출되고 있다. 과거에는 멕시코에서 미국으로 몰래 마약을 들여오는 조직을 FBI가 일망타진한다는 이야기로 화끈한 액션 장면들로 채워졌다. 그러나 최근에는 우리 생활 가까이, 바로 이웃에 사는 사람들이 마약에 연루되는 이야기를 소재로 하는 경우가 많다. 심지어 온 가족이 마약에 연루되는 이야기도 있다.

2021년부터 방영되기 시작한 넷플릭스 드라마 시리즈 〈오자크〉는 가족이 모두 범죄에 빠지는 이야기다. 시카고에서 잘나가는 재무 컨설턴트로 일하던 남자 주인공은 횡령한 마약 조직의 돈을 대신 갚으라는 협박을 받고 마약 판매 사업에 연루된다. 그러다 점점 더 위험한 일에까지 가담하게 되고 아내와 딸 그리고 아들까지 알게 되면서 가족들도 직간접적으로 불법과 위법에 동참한다.

또 다른 인기 드라마 〈브레이킹 배드(Breaking Bad)〉는 말기 암 진단을 받은 고등학교 화학 선생님이 마약을 제조해서 판매하는 이야기다. 자신이 죽고 나면 장애 아들과 임신한 아내가 살아갈 수 있도록 돈을 남겨주기 위해 마약 제조와 판매에 뛰어든 것이다. 주인공은 멕시코까지 거래하게 되면서 갱들의 위협과 경찰에게 쫓기는 상황이 펼쳐진다. 이 드라마는 회를 거듭할수록 일상에 얼마나 마약이 널리 퍼져 있는지를 보여준다.

드라마 〈인터넷으로 마약을 파는 법(How to Sell Drugs Online: Fast)〉은 2015년 독일 라이프치히에서 검거된 20세 청년의 실화를 바탕으로 만든 것이다. 10대 소년이 헤어진 여자친구의 마음을 돌리기 위해 온라인에서 마약 판매 사업을 하는 것으로 이야기가 시작된다. 10대들의 능숙한 컴퓨터 실력으로 온라인 마약 판매 사업은 나날이 번창해 유럽을 대표하는 마약 판매 사이트가 되어버린다. 18세 청소년(고등학생)이 주인공으로 비트코인으로 거래했다고 한다. 2015년 불법 사이트를 개설하고 2년간 운영하다 체포되었을 때 그의 나이가 겨우 20세밖에 되지 않았다. 마약단속반에 의해 검거되었을 때 그의 집 안에서 300kg이 넘는 마약이 발견되었는데 현금 가치로는 약 400만 유로가 넘는다고 한다.

마약도 해외 직구 시대

한국의 한 보고서에는 블로그와 해외 인터넷 사이트 등을 합하면 인터넷상에서 마약이 거래되는 비율이 35%에 이른다고 한다. 해외 직구 사이트를 이용하면 적발될 염려가 없기 때문이다. 한국 경찰청의 보고 자료에 의하면 인터넷에서 마약을 사서 투약하는 20~30대들이 크게 늘었다고 한다. 2019년 1월부터 10월까지 인터넷 마약류 사범은 전체 21.1%로 1,977명에 달했다. 2017년 12.4%(1,100명), 2018년 18.7%(1,516명)에 비해 점점 증가하는 추세이다.

온라인으로 마약을 판매하고 사는 것은 더 이상 영화에서만 일어나는 일이 아니다. 인터넷과 스마트폰의 발달로 일상에서 편리한 부분도 많지만 신종 마약성 물품이 유통되기도 쉬워졌다. 인터넷을 통해 쉽게 구매할 수 있게 되면서 연령층도 다양해지고 온라인 거래에 익숙한 10~20대 인구가 점점 늘어나고 있다. 비밀리에 약속 장소로 나가 직접 대면하지 않아도 마약이 집까지 배달되는 시대다. 영화처럼 마약을 주문하고 결제하면 배송까지 이루어지는 앱을 누구나 사용할 수 있다.

2017년 한국형사정책연구원에서 펴낸 《신종마약류범죄 발생 실태와 통제정책》(전영실 외 3인)에 의하면 마약을 하다가 적발된 사람들 가운데 27.8%는 국내외 인터넷 사이트에서 구매한 것으로 나타났다. 마약류의 온라인 거래는 불법이다 보니 더 음성적이고 은밀하게 거래되는 것이 현실이다. 마리화나, LSD는 학교나 가까운 친구에게 사고, 신종 마약이나 성분이 강한(코카인, 필로폰, 엑스터시, 헤로인) 마약은 온라인으로 구매한다. 마약과 중독성 약물을 거래하는 사이트는 짧은 기간 생겼다 사라지기 일쑤지만 끊임없이 생겨나고 있다.

온라인을 통해 해외에서 주문하는 마약은 엑스레이 검색에 걸리지 않고 경찰과 마약단속반을 피하기 위해 냄새가 나지 않는 진공 포장을 한다. 또한 일반 배송 회사 USP와 페덱스(FedEx)를 이용한다. 한국에서도 텔레그램에서 '마약 구매합니다'라고 검색하면 판매자를 찾을 수 있고, 마약을 지칭하는 다양한 은어들을 사용해서 주문과 배달이 이루어진다.

한국의 대표 포털사이트에서도 마약 성분이 든 물품들을 판다는 광고 메시지를 어렵지 않게 찾아볼 수 있다. 치료를 목적으로 약국에서 처방받아 복용하는 중추신경자극제 성분과 주의력결핍과잉행동장애(ADHD) 치료에 쓰이는 향정신성의약품 등을 판매한다는 광고도 있다.

한국이든 미국이든 의사의 처방전 없이 마약류를 파는 것은 위법이다. 포털사이트를 통해 판매하다가 걸리는 경우 무거운 벌금이 내려지는데도 인터넷상에서 마약류 구매와 판매는 끊임없이 이루어지고 있다.

전 세계에 마약 안전지대란 없다

점점 더 진화하는 약물

2018년 8월, 트럼프 미국 전 대통령이 뉴햄프셔주를 방문했을 때 "마약 불법거래에 강경하게 대처하지 않으면 시간 낭비만 된다……. 그들에게 최종적인 벌이라면 사형이 될 것이다"라고 발언해서 논란이 일었다. 미국 내 약물중독 문제가 심각한 지역으로 뉴햄프셔와 필라델피아를 꼽을 수 있다. 트럼프 전 대통령이 언급한 오피오이드는 아편(Opium)과 오이드(Oid, '~와 비슷한')의 합성어로 합성 진통·마취물질을 말한다. 아편과 비슷한 작용을 하는 약물을 통칭하는 말이다.

오피오이드에 해당하는 것은 하이드로코돈, 하이드로몰폰, 메타돈, 옥시코돈, 펜타닐 등이다. 오피오이드 중독은 마약처럼 환각 효과를 볼 수 있고 코카인과 일반 마약보다 가격이 싸다. 의사에게 처방받아 구입할 수 있기 때문에 마약과 섞어서 사용하는 경우가 많다.

의료 분야와 인권단체의 강력한 반발에도 불구하고 한 나라의 대통령이 '사형'이라는 단어까지 거론한 것은 미국 내 마약과 약물 문제가 전 세계 어느 나라보다 심각하기 때문이다. 마리화나, 헤로인, 코카인뿐만 아니라 처방약에 이르기까지 연령이나 특정 계층의 구분 없이 다양한 환경과 상황에서 마약중독과 약물 오남용이 일어나고 있다.

2019년에는 한국에서도 마약 관련 사건 사고가 유난히 많았다. 일명 '버닝썬 사건'으로 인해 사회가 한동안 떠들썩하기도 했다. SK 창업주 손자가 '대마초 흡연'으로 구속영장이 발부되었고, 현대그룹 3세가 마약 사범으로 소환되었으며, 남양유업 창업주 외손녀도 마약 투약 혐의로 기소되는 등 마약 관련 뉴스가 끊이지 않았다.

과거에는 재벌이나 유명 연예인들만 마약을 한다고 했지만 지금은 클럽에서 술과 함께 마약을 하는 경우도 흔하다. 클럽에서는 마리화나보다 LSD나 엑스터시(MDMA)를 섞어서 만든 알약이 많이 유통되었다. 미국과 유럽 등 해외에서 생활하다 들어온 경우 자유로운 파티 문화에서 접하게 된 마약을 온라인으로 어렵지 않게 들여올 수 있는 것도 마약중독자가 늘어나는 요인 중 하나다.

늘어나는 마약 거래와 중독자들

마약과 마약성 약물의 오남용 문제는 미국뿐만 아니라 한국에서도 심각성이 드러나고 있다. 2015년 유엔 마약범죄사무국(UNODC)은 전 세계 200여 개국에서 마약류 오남용으로 인한 치료를 받는 국민의 실태와 유통되는 마약의 종류를 조사해 보고서를 발표했다.

100만 명당 마약중독자 수 1위는 뉴질랜드(1만 4,392명), 2위 이란(1만 4,191.7명), 6위 미국(6,960.4명) 순이었다. 중국은 343.2명, 일본은 192.3명, 한국은 0.6명으로 최하위권이었다. 이때까지만 해도 한국은 마약으로부터 안전한 '마약 청정국'이었다. 그러다 2016년 들어서서 10만 명당 24.3명 수준으로 증가하면서 마약청정국의 지위는 떨어지고 말았다.

2019년 4월 대검찰청이 발표한 자료에 의하면 마약류 범죄로 검거된 사람이 1만 2,613명에 달한다고 한다. 마약류 사범으로 재발하는 비율은 36%이며, 매년 8,000명 정도가 마약 범죄의 초범으로 검거되는 것으로 보아 더 이상 연예인이나 방송인, 재벌 2~3세 등 특권층에 국한되는 이야기가 아니다. 매년 마약중독자가 16만 명씩 늘어나고 있는 실정으로, 이미 마약중독은 대중적인 문제로 접어든 상태다. 마약 사범으로 구속되는 사람의 수가 완만한 증가 추세를 보이다 2018년 이후부터 급증해 사회 곳곳에서 마약 관련 사건 사고가 끊이지 않고 있다.

미국국립보건원(NIH) 통계 자료에 의하면 2016년 미국 내 약물 오남용으로 인한 사망자는 6만 300명이었다. 최근에는 매일 115명이 약물 과다 복용으로 사망하는 것으로 보고되었는데, 이것은 총기와 교통사고 사망자 수보다 더 높은 수치다. 마약중독과 약물 오남용으로 인한 피해는 2106년 7월~2017년 9월까지 자료를 기준으로 보았을 때 전년 동기 대비 30% 늘었다. 미국 중서부 지역의 경우 전년 대비 70%로 심각한 증가세를 보였다.

과도한 경쟁에 따르는 스트레스로 약을 찾는 직장인과 공부 스트레스를 받는 학생들은 ADHD 치료제를 '머리 좋아지는 약', '집중력 좋아지는 약'으로 찾는다. 섭취 후 약 20분이 지나면 신체 활동력과 집중력이 높아진다고 한다. 이렇게 미국 내에서 마약중독과 처방약을 복용하는 오피오이드 피해 금액은 2017년 기준 연간 56조 원에 달한다고 한다. 미국은 약물 과다 복용 치료 및 회복 지원을 위해 50억 달러를 투자하면서 약물 남용과 오피오이드 중독과의 전쟁을 선포하고 나섰다.

2020년 말 국회 국정감사에 경찰청이 제출한 '최근 4년간 마약류 사업 단속 현황'에서 2019년 마약 사범이 1만 422명으로 역대 최다였다고 한다. 2016년 8,853명, 2017년 8,887명, 2018년 8,107명이었던 것에 비해 상당히 늘어난 수준이다. 그중 10~20대 마약 사범의 증가가 눈에 띄는데, 2016년 81명에 비해 2019년에는 164명으로 2배 늘었다. 2020년과 2021년에 더 증가했을 대한민국을 마약청정국이라고 할 수 있을까?

마약중독자와 마약 유통의 증가는 세계적인 추세로 한국도 더 이상 안전지대가 아니다. 마약 구매가 점점 쉬워져 재발률은 늘어나고 그와 함께 마약 투약 상태에서 다른 범죄에 연루되는 사건도 늘어나고 있다. 사회 곳곳에서 마약 거래와 중독자가 증가하는 것을 엄중히 지켜보아야 한다. 격리와 처벌만으로는 충분하지 않다. 마약중독자의 특성을 이해하고 치료와 지원을 병행하는 체계를 갖추지 않는다면 개인과 가정 그리고 사회는 더 큰 부담과 위험을 감당해야 할 것이다.

〈참고〉

- "미국 진통마취제, 마약류 등 약물 오남용 사망자 급증", 〈코러스뉴스〉, 2019. 5. 30.
- '2016-2019년 지방청별 마약사범 단속 실적', 경찰청, 2020.
- 홍준표, "늘어가는 1020 마약 사범…대구경북도 4년새 97%↑", 〈매일신문〉, 2020. 9. 2.
- 〈세계 마약 보고서〉, 유엔마약범죄사무국(UNODC), 2017.

더 늦기 전에 알아야 할 것

어느 날 찾아온 마약 수사관

2014년 가을, 필라델피아의 한인타운에서 조금 떨어진 곳에 살고 있는 K 씨의 막내딸은 마약 소지 혐의로 검거되기까지 3년 동안 몸이 망가지는 것은 물론 삶의 많은 부분이 황폐해졌다. 집을 나갔다가 피폐해진 몸으로 돌아와서 잠들었을 때 경찰이 찾아왔다. 딸의 가방에서는 필로폰과 함께 고가의 시계가 나왔다. 눈은 퀭하고 얼굴은 푸석하며 몸도 가누지 못하는 상태였다.

부모가 집을 비운 친구네 집에서 몇 명이 모여 마약을 했다. K 씨의 딸은 친구 부모의 시계를 받고 마약을 건네주었던 것이다. 고가의 시계를 받은 점으로 보아 상당히 많은 양을 소지한 것으로 판단한 친구의 부모는 마약과 절도 혐의로 경찰에 신고했다.

판매하다 걸린 것이 아니어서 그나마 다행이었을까? 아니면 마약과 시계를 교환했으니 판매로 볼 수 있을까? 약에 취해 판단력이 흐려진 점을 감안해서 선처를 받을 수 있을까? K 씨는 딸이 검거되던 날 다리에 힘이 풀려 주저앉았다. 아무리 생각해도 대책이 떠오르지 않고 억장이 무너질 뿐이었다.

딸이 고등학교 때 담배 냄새가 나는 것 같아 담배를 피우냐고 묻자 화를 내면서 펄쩍 뛰었다. 졸업식을 마치고 친구네 집에서 함께 놀았는데 방문과 2층 난간이 일부 파손되어 배상해야 했을 때 그 친구의 엄마가 자기 아이는 치료센터로 보낼 것이니 당신 딸도 치료하라는 말을 했다고 한다. 그 이야기를 했을 때 딸은 미친 듯이 화를 내는 바람에 더 이상 말할 수도 없었다는 것이다.

마약을 하는 딸과 대화할 수 없게 되자 K 씨는 상담 센터로 전화했다. 딸과 함께 방문하기를 권했지만 3주가 지나 전화를 해서 딸이 절대 마약을 하지 않겠다고 약속했으니 일단 믿어보겠다고 전했다.

그로부터 2년이 지나 상담 센터로 다시 전화를 한 K 씨는 딸이 일을 시작하더니 이내 그만두고 또 마약을 하는 것 같다고 했다. 그녀는 예순이 넘어 재혼해 방 하나에 거실이 전부인 노인아파트(미국 주정부의 저소득층 공공주택 프로그램으로 제공되는 아파트로 나이와 소득에 따라 지원 자격이 주어진다)에 사는데 그 작은 공간에 딸까지 들어왔다. 딸은 노인아파트에 같이 살 수 없어 가까운 곳에 방 하나를 얻어 잠만 자고 밥은 K씨가 사는 아파트에서 먹으며 몇 주를 보냈다. 정신 차리고 일을 하겠다고 했지만 아르바이트를 자주 그만두고 며칠 혹은 몇 주를 쉬었다가 일을 구하는 일이 잦았다. 그렇게 몇 달을 보내는 동안 여러 번 정신을 잃고 술에 취해 들어왔는데, 그때마다 약을 함께 투약했던 것이다.

일정한 수입이 없는 딸은 차를 팔고 엄마에게 용돈을 받으러 와서 "정신 차리고 새롭게 일하려고 하니 믿어달라"라는 말만 반복했다. 그러다 오빠들이 차를 사주겠다는 조건으로 딸은 재활치료 센터에 입소했다. 타운에서 조금 떨어진 곳에 있는 가정집을 개조한 곳으로 여자들만 받는 곳이었다. 오전에 상담 치료를 받고 나면 오후에는 소소하게 시설 청소와 식사를 돕는다. 딸은 일정에 따라 미술과 음악, 예체능 수업에 참가하고 시설 내 작은 채소밭이나 정원 가꾸는 일을 도우며 3개월을 보내고 집으로 돌아왔다.

딸의 회복을 보지 못하고 세상을 떠난 어머니

딸은 새로운 마음으로 일을 시작하려고 중고차를 사고 작은 호텔의 접수 직원으로 들어갔다. 그러나 몇 달 되지 않아 또 일을 그만두었다. 딸아이는 살이 점점 빠지기 시작했고 이야기라도 한마디 하면 신경질부터 냈다. 집을 나가면 한밤중이 되어서야 돌아오곤 했다. 용돈을 제한하며 이야기를 하려 해도 쉽지 않았다. K 씨는 딸에게 현금을 주면 마약을 살까 두려워, 생필품을 살 때도 마트에 딸을 혼자 보내지 않았다.

"다시 직장을 구할 것이니 한 번만 봐달라", "일을 다시 찾고 있으니 믿어달라"라는 말을 하면 희망을 또 걸고 싶었다. 하지만 딸은 남편이 없을 때 옷과 서랍을 뒤져서 돈을 훔쳐 갔다. 남편이 딸을 의심하는 날이 잦아져 부부 싸움도 늘어났다. 딸은 나이 든 엄마의 정부 보조금까지 가져갔고, 심지어 남편이 차에 숨겨놓은 돈까지 훔쳐서 나간 후에 며칠 동안 연락이 되지 않았다. 결국 남편은 별거를 하자고 했고, 그렇게 해서 따로 살게 되었다.

K 씨는 엄한 태도로 자녀를 살펴야 했는데 기회를 놓친 것 같아 후회되었다. 이민 와서 늦게 얻은 막내딸은 엄마의 입과 귀가 되어 공과금 문제이며 보험과 병원 예약과 같은 일들을 대신했다. 또래 아이들처럼 부모의 살뜰한 보살핌을 받지 못하고 엄마의 언어 문제를 도우면서 부모의 고단하고 팍팍한 삶이 버겁게 느껴졌을 것이다.

K 씨는 딸에게 그런 미안함과 고마움이 뒤섞여 제대로 훈계하고 교육하지 못한 것이 아닐까 생각이 들었다. '앞으로 어떻게 해야 하나?', '중독이 어느 정도 진행된 걸까?' 수많은 생각들이 스쳤다. 고등학교를 졸업했을 때, 혹은 대학에 다닐 때 치료받게 했어야 했는데, 뒤돌아보면 번번이 기회를 놓친 것 같아 후회만 가득했다. 어디서부터 무엇을 해야 할지 모르겠다는 K 씨의 한숨은 바닥으로 내려앉은 그의 삶을 더 무겁게 했다.

24세 되는 딸의 이력은 커뮤니티 칼리지 졸업과 함께 1년 정도의 직장 생활과 마약으로 체포된 기록이었다. 집행유예 기간에 무사히 재활치료를 받아서 교도소로 돌아가지 않도록 해야 했다. 재활치료를 받고 마약을 끊는다면 그렇게 늦은 나이가 아니니 다시 희망을 걸어볼 만한다. 이번에는 진짜 치료를 해야 한다. 딸이 회복되어 엄마 없이도 혼자 살아갈 수 있는 능력을 기르기를 바라는 K 씨의 기도는 늘 눈물로 시작해서 눈물로 끝났다. 이처럼 전화로 자녀의 상황만 알릴 것이 아니라 중독된 자녀를 어떻게 도와야 하는지를 알고 바르게 접근한다면 자녀의 중독은 더 심각한 상황으로 이어지지 않을 수 있다.

2021년, K 씨의 가정 상황을 다시 확인했을 때 가슴 아픈 소식이 들려왔다. K 씨는 세상을 떠났고, 어머니가 남긴 얼마간의 유산으로 30대 중반의 딸은 다시 재활센터에서 치료받고 있다는 것이었다. 어머니의 죽음을 계기로 자신을 돌아보고 회복할 수 있을지, 어머니를 잃은 상실감으로 아프고 힘든 시간을 보낼지 알 수 없었다.

치료의 끝은 가족으로 돌아가는 것

처벌은 답이 아니다

미국에서는 마약을 소지하거나 판매하다 검거되면 경찰서 구치소로 이송된 후 조사를 받고 마약 문제를 전담하는 마약재판소로 이관된다. 이러한 마약재판소는 미국 전역에 450여 개 정도가 있다. 일반 범죄와 달리 마약재판소에서 진행하는 이유는 마약 범죄를 다른 범죄처럼 다루어서는 해결되지 않기 때문이다. 그래서 구금보다 치료와 재활을 통해 마약 관련 범죄를 줄여나가는 데 중점을 두고 있다.

물론 소지한 마약의 양이 많고 판매하다 적발된 경우에는 처벌과 벌금도 커진다. 본인이 투약하기 위한 것이나 일회적인 마약 투약이 아니라 타인에게 판매하는 것은 중범죄로 본다. 마약을 투약한 상황과 기간 그리고 다른 범죄에 연루되었는지를 고려해 재판이 시작되고 주와 타운마다 다양한 개선 프로그램으로 마약 치료와 재활을 지원하고 있다. 이때 초범이거나 마약 투약을 했지만 약을 소지하지 않았을 경우에는 상담과 치유를 할 수 있도록 집행유예를 선고한다. 마약을 복용하고 소지하는 것만으로는 위법으로 보지 않지만, 중독되면 크고 작은 사건으로 이어지기 때문에 처벌보다는 치료에 비중을 두는 것이다.

마약중독 범죄자들은 다른 범죄자들과 달리 또 다른 사건 사고에 연루되는 경우가 많고 재발 확률도 높기 때문에 치유가 무엇보다 필요하다. 여러 연구와 통계로도 알 수 있듯이 치유가 처벌보다는 많은 이익을 가져온다. 중독 치유는 사회문제로 확대될 수 있는 가족의 해체를 줄이고, 사회복지 및 의료비용 절감, 청소년들이 사회에 복귀할 수 있는 기회 제공 등 여러 가지 순기능이 많다. 무엇보다 중독의 사슬을 끊어서 건강하게 독립적으로 살아갈 수 있는 기회를 더 많이 제공한다.

1960년 이전에는 미국도 마약에 대해 처벌 위주로 대처했다. 그러다 1960년대부터 치료 프로그램을 다양하게 개발하고 적용하기 시작하면서 치료 중심으로 시행하기 시작했다. 초기에는 마약중독자들의 재범률이 눈에 띄게 떨어지는 효과를 거두지 못해 거센 비판을 받기도 했다. 그럼에도 불구하고 미국은 치료 프로그램을 지속적으로 시행했다. 효과가 더디게 나타났지만 프로그램을 더욱 정교하게 보완하는 데에 정부 예산을 계속 투입했다.

미국 정부는 마약중독자를 치료하는 비용이 이들을 수감할 때

드는 영장 발부, 제재, 약물 투여, 교도소 비용보다 훨씬 적게 든다는 것을 알았다. 미국에서 마약 투약과 불법 거래를 하다 재판을 받고 형이 확정된 이후에 상담과 치료 정도 그리고 사회봉사 등을 고려해 보호 관찰로 하향 조정되는 경우도 있다. 마약중독을 치료하고 사회복귀율을 높이는 데 중점을 두고 적극 참여하도록 유도한다.

치유만이 재발을 막을 수 있다

한국도 점점 개선되고 있지만 여전히 마약 예방을 위해서는 '처벌'에 중심을 두고 강력히 단속해서 체포해야 근절할 수 있다는 생각이 기본이다. 처벌이 효과를 보았던 시절도 있었겠지만 지금은 다양한 방법으로 마약에 쉽게 접근할 수 있는 시대다. 중독자는 점점 늘어나고, 마약중독 재범률(법무부 자료에 의하면 마약중독자의 재범률은 2018년 36.6%, 2017년 36.1%로 3명 중 1명)도 증가하는 것을 보면 처벌 중심의 정책은 실패한 것이다. 미국과 유럽의 여러 나라들도 검거와 처벌만으로는 실효성이 떨어진다는 것을 인식하고 중독이 재발하지 않도록 치료 프로그램에 중점을 두고 있다.

마약중독 치료에 드는 비용을 보험으로 해결할 수도 있지만 장기적인 치료에 소요되는 비용은 개인이 지불하는 경우가 많다. 더구나 가족의 지지 없이 재활치료 센터에 입소하는 것은 완치율이 높지 않다. 가족들이 함께 상담에 참여하고 함께 교육받으며 중독자의 특성이 무엇이고 이들을 어떻게 지지할 것인가를 이해해야 치료 성공률이 높아진다.

가정은 힘든 시간을 이겨낼 수 있도록 응원하고, 중독이 재발되었을 때 사회에서 격리되어 더 큰 위험으로 내몰리지 않도록 하는 피난처다. 재활치료 센터에 입소해 훈련받거나 상담과 치유 프로그램에 참여하는 것만으로는 중독이 쉽게 해결되지 않는다. 또 치료 후 학교와 사회로 복귀했을 때 마약의 유혹과 스트레스를 어떻게 이겨낼 것인가는 결국 가족의 응원과 지지에 달려 있다.

미국에는 가족의 이해와 지지를 받으며 치료하고 다시 자립할 수 있도록 돕는 다양한 프로그램들이 있다. 대학교 내에 설치된 마약 상담 및 재활 시설, 마약재판소에서 실시하는 회복 프로그램, '엄마와의 약속 프로그램(Engaging Mom's Program)', 가족 회복 프로그램(FRP, Family Recovery Program) 등 가족이 함께 참여해서 치료받으며 재중독을 줄이는 프로그램들이다.

엄마와의 약속 프로그램과 가족 회복 프로그램은 부모가 약물중독으로 어린 자녀들이 위탁가정에 맡겨지거나 산모가 약물중독으로 사회적 지원이 필요할 때 회복하는 과정마다 다양한 지원을 통해 다른 사회복지 문제로 이어지는 것을 예방한다. 이와 같이 치유 프로그램들이 확대되어 더 높은 회복률과 성공률을 보이는 사례와 연구를 통해 처벌보다 치료가 더 큰 효과를 가져온다는 것이 밝혀졌다.

마약 제조와 판매는 특히 엄벌해야 마땅하다. 그러나 마약중독자는 범죄자임과 동시에 치료가 필요한 환자임을 간주(분류)해야 한다. 범법자와 위법자로 처벌과 구속하는 것만으로는 마약중독으로 인한 많은 문제의 악순환을 끊을 수 없다. 마약재판소의 치료와 상담 프로그램에도 한계가 있지만 그것을 계기로 가족이 함께 치료하고 사회 복귀를 준비할 수 있는 기회를 한 번 더 주는 것이 바람직하다.

마약중독은 학교와 사회제도만으로 해결하는 데 한계가 있다. 가족의 적극적인 이해와 도움이 치유에 도움을 줄 수 있다. 마약중독의 위험에 대처하고 예방하는 것도 가족 치유 과정에서 절대적으로 필요하다. 결국 마약중독 치유와 단약을 이끌어내는 것은 가족의 힘이다. 치유의 최종 목표는 가정으로 돌아가는 것이다. 그렇기에 마약중독의 최선의 해결법은 처벌이 아닌 호밍(Homing)이어야 한다.

중독자에 대한 시선부터 바꾸자

마약중독은 범죄가 아닌 질병

마약과 마약중독에 대해 잘 모르는 보통 사람들은 두려움과 편견을 가지고 있다. 어쩌다 듣는 뉴스와 작은 정보만으로 전체를 판단하기 때문이다. 마약중독자는 나와 다른 세계에 사는 사람들이니 알 필요도 없다고 생각하고 관심을 두지도 않는다. 마약은 그저 강력한 처벌로 다스리면 된다는 것이 대다수의 생각이다. 나하고 상관없는 일에는 신경 쓰고 싶지 않은 데다 별다른 대안도 없다고 생각하기 때문이다.

그런데 내 가족 중에 한 사람이 마약중독이 의심되는 상황이면 어떻겠는가? 충격과 놀라움으로 어떻게 해야 할지 모를 것이다. 적절한 치료가 필요하고 가족이 함께 상담받아야 한다고는 더더욱 생각하지 못한다. 대부분의 가족들은 나는 중독자가 아니니 상담받을 필요가 없다고 생각한다. 이러한 고정관념과 편견은 올바른 치료나 해결책을 찾지 못하게 하고 오히려 역효과만 초래한다. 의지가 부족해서 마약을 끊지 못한다고 생각하고, 마약을 하는 자녀를 숨기기도 한다.

중독이 일어나는 원인이나 과정을 살펴보면 여러 가지 이유가 있겠지만 가족들이 함께 상담받으며 지지하고 응원할 때 완전히 회복될 수 있다. 마약중독은 오랜 시간 동안 실패를 반복하면서 서서히 치유될 수 있기 때문에 무엇보다 옆에서 지켜보는 가족의 이해가 필요하다. 사회의 편견과 질타로 힘들고 지칠 때 가족이 울타리가 되어주면 힘을 얻어서 재활에 성공할 가능성이 높아진다.

가족은 가장 많은 시간을 함께하는 만큼 크고 작은 일들에서 영향력을 주고받는 관계다. 새로운 일을 시도하거나 힘겨운 일일수록 가족의 사랑과 믿음의 응원이 필요하다. 청소년들은 단지 호기심으로 얼마나 위험한 줄도 모른 채 재미로 마약을 시작했다가 중독으로 빠져드는 경우가 많기 때문에 어느 누구도 나와 상관없는 일로 치부해서는 안 된다.

마약중독은 사회질서를 어지럽히는 위법 행위이기는 하지만 국민 건강을 해치는 질병으로도 보아야 한다. 중독은 뇌에 문제가 생겨 치유를 받아야 하는 질병이므로 의지만으로는 극복할 수 없다. 마약중독은 범죄이기 전에 반드시 치유해야 하는 질병이라는 점을 함께 고려해야 한다.

숨기기보다는 겉으로 드러내야 해결된다

마약중독자들을 우리 곁에서 밀어내고 격리와 처벌만으로 해결하려 할 때는 너무 많은 것을 잃게 된다. 사회복지 비용을 쓰면서도 제대로 개선은 되지 않기 때문에 개인과 가정 그리고 사회 모두에게 비효율적인 일이다.

마약중독자 개인의 측면에서 보면 인간으로서 기본적으로 존중받고 살아갈 기회를 잃게 된다. 재활의 기회를 허용하지 않으면 학업을 마치고 독립된 성인으로 살아갈 기회조차 사라진다. 사람들과의 관계가 끊어져 사회로부터 격리되어 결국은 그 부담을 가족과 국가가 떠안게 된다.

가족 중에 마약중독자가 있으면 가족 간의 신뢰가 깨지고 피폐해져서 결국 와해되기에 이른다. 가족이 생계와 치료비를 부담하는 경우는 더욱 심각한 상황에 내몰린다. 가족 중에 중독자가 있으면 아이들은 다투고 갈등하는 불안정한 가정환경에서 자라게 된다. 중독자에 대한 낙인과 처벌은 결국 가장 사랑하는 가족을 잃는 결말로 이어질 뿐이다.

중독자에 대한 편견을 가지고 범죄자라는 낙인을 찍으면 그들은 어디에도 설 곳이 없어 점점 숨어서 살아가게 된다. 사회에서 더 멀어질수록 본인과 가족들이 용기를 내서 치료와 재활에 나서기가 힘들다. 중독자들이 치유와 재활의 기회를 가지면 경제활동을 통해 독립된 생활을 하며 사회 구성원으로 더불어 살아갈 수 있다.

그들을 치료하지 않고 방치하면 재발과 그로 인해 더 많은 사건 사고가 발생할 뿐이다. 중독자들에게 치료와 재활의 기회를 주면 결국 사회복지 비용이 줄어들고 사회적으로 인력 손실을 막을 수도 있다. 중독자를 향한 시선을 바꿔야 할 때다.

이전에는 마약과 중독자에 대한 정보를 얻기도 힘들었다. 하지만 지금은 마음만 먹으면 인터넷을 통해 쉽게 정보를 얻을 수 있다. 마약에 대해 제대로 알면 편견에서 벗어나 중독자들과 그들의 가족을 돕고 살릴 수 있다. 더 나아가 우리가 사는 사회와 국가에도 도움이 되는 해결책을 찾을 수 있다.

중독, 빨리 인정할수록 빨리 벗어난다

마약중독의 회복률이 낮은 이유

미국의 신문과 뉴스는 하루가 멀다 하고 청소년 마약 문제를 거론한다. 교포들을 위한 지역신문에도 청소년 마약중독 문제가 뜨거운 이슈로 떠오르면 한 번씩 질문을 받는다.

"한국 아이들도 마약을 많이 해요?"

"마약중독자가 어느 정도 되나요?"

"중독 치유를 받으면 몇 퍼센트나 회복되나요?"

"치료하고 나면 완전히 낫나요?"

그나마 이런 질문을 하는 사람들은 청소년들에게 관심을 가지고 있는 것이다. 하지만 이런 질문은 받으면 선뜻 대답하지 못하고 망설인다. 그 이유는 회복률이 낮다는 사실을 알려야 하기 때문이다. 열심히 상담받고 재활치료에 참여해서 마약중독이 완치

되고 취업까지 할 수 있으면 좋겠지만 현실은 가혹하리만큼 낮은 수치를 보여준다. 후원자들과 지역 협력기관, 마약중독으로 인해 아픔을 겪는 부모들에게 희망을 주고 싶지만 현장의 상황은 녹록지 않다.

마약중독자나 그 가족들이 마약 해독과 치료 과정을 거치면 높은 성공률을 보일 것 같지만, 사실 재활치료 센터에서 제시하는 실제 회복률은 훨씬 더 낮다. 미국의 크고 작은 재활센터도 마찬가지다. 중독은 다른 질병처럼 약물 처치나 수술로 낫는 것이 아니라 복잡한 심리 상태와 뇌의 손상 등 수많은 변수가 따르기 때문에 회복하기 쉽지 않다.

뉴비전청소년센터 소장님은 특강과 부모 교육 연수에서 늘 이렇게 말씀하신다. "1년에 1명의 청소년이라도 제대로 구하자. 1명이 증인이 되어 주변에 희망이 되고, 그 자녀가 가정을 회복하게 된다면 결코 적은 숫자가 아니다." 이 말씀은 무력감에 쓰러질 때마다 힘내어 다시 일할 수 있는 원동력이 된다.

학교에서 마약을 하다 걸린 청소년, 대학교 기숙사에서 마약을 팔다 적발된 청년, 속도위반으로 걸렸다가 마약이 발견되어 검거된 청년들도 있다. 하지만 이들이나 그 부모들은 당사자가 중독되었다는 것을 인정하지 않는다. 부모의 성화에 못 이겨 뉴비전청소년센터로 마약 상담을 받으러 오는 자녀들은 그나마 다행이다. 마약을 하다 부모님께 들켜 이곳까지 오게 된 청소년들은 부모의 지원 속에 치료받고 가족에게서 상처받은 지난 시간들을 돌아볼 기회가 생겼으니 말이다. 자녀들은 마음의 상처를 위로받고 부모는 양육 과정에서 잘못한 것이 없는지 돌아보면서 가족이 화해하고 회복되는 사례도 많다.

청소년의 회복률은 부모의 태도에 달렸다

한 사건에서 여러 학생이 연루되었을 때 중독치료를 적극적으로 하려는 부모님이 있는가 하면 자녀를 다그치고 책망하기에 바쁜 부모도 있다. 상담을 받고 치유해야 하는 것이 아니라 부모가 그만하라고 하고 본인이 마음만 먹으면 언제든 끊을 수 있다고 생각한다. 부모의 이름이 알려질까 봐 아이만 센터로 들여보내거나 몇 차례 상담 후 추천서만 써달라고 하는 부모도 있다. 이런 부모를 만나면 자녀보다 부모님이 먼저 상담받아야 할 것 같다는 생각이 든다.

상담을 받고 생각과 태도가 달라져서 가정으로 돌아간다고 해도 부모님과 가정환경이 변하지 않는 한 갈등과 문제를 풀어가는 방식은 그대로이므로 또다시 문제가 불거질 수밖에 없다. 마약중독자 혼자 변한다고 문제가 해결되지 않는다는 것이다. 근본적인 치료를 하기보다는 상담 몇 차례 받은 기록을 가지고 변호사를 통해 재판관에게 깊이 반성한다는 뜻을 전달해 감형을 받으려는 부모들도 있다.

마약에 빠진 청소년들을 상담하고 재활훈련을 하면서 중독에서 벗어나고자 하는 이들의 몸부림치는 고통의 시간을 함께 보냈다. 그러면서 아픔과 상처들이 치유되지 않은 채로 살아가는 이들도 많음을 느꼈다. 치유하기가 쉽지 않음에도 불구하고 상담과 재활을 돕는 프로그램들을 지속적으로 적용하려고 애썼고, 고용주들에게 중독자의 특성을 이해시키고 중독치료를 마친 청소년들이 사회에 복귀할 기회를 달라고 호소했다. 마약중독 상담과 재활을 도우며 보낸 15년 동안 중독에서 벗어나 학업과 직장을 구하는 사람들을 보며 보람과 기쁨을 느끼기도 했다.

많은 청년들이 중독에서 벗어나고자 하는 강한 의지로 버티지만 번번이 좌절하고 점점 더 깊은 중독에 빠진다. 중독이 재발될 때마다 처음으로 돌아가 마약을 한 자신을 인정하도록 하고 새롭게 다시 상담하며 그들의 부모님을 격려했다. 다른 중독자들과 모임을 가지면서 서로를 위로할 수 있도록 이끌었다. 마약중독으로 힘들어하는 청소년과 부모들을 조금이나마 위로하고 응원하고자 했다.

많은 사람들을 만나면서 드는 생각은 모두 여유를 가졌으면 좋겠다는 것이다. 부모님이 여유를 가져야 아이들을 여유 있게 대하고 상황에 대처할 수 있다. 하지만 대부분의 사람들이 늘 정신없이 하루하루를 살아간다. 조금의 실수도 용납하지 않고 목표를 향해 나아가기를 바라는 부모는 아이들을 벼랑 끝으로 내몰기 쉽다. 부모도 모르는 다양한 상황에 직면할 수 있음을 이해하고 여유를 가지고 유연하게 대처할 수 있어야 한다.

마약의 위험이 사회 도처에 퍼져 있기도 하지만 관심을 가지고 보면 많은 곳에서 마약의 위험에 대해 홍보하고 있다. 예기치 못한 상황을 만나거나 힘든 상황에 놓였을 때 도움받을 단체와 다양한 정보를 제공하는 기관들이 많이 있다. 힘겨운 일을 혼자 해결하기보다는 도움을 요청하는 것이 문제를 최소화하고 자녀와 가정이 가장 빠르게 회복되는 길이다. 마약에 대한 기존의 생각을 바꾸는 것이 쉽지만은 않다. 그러나 어려울 것도 없다. 이 생각의 전환이 가장 강력한 도구가 될 것이다.

2장

시작은 가볍지만
끝은 너무나 무거운
중독의 세계

삶을 파괴하는 마약의 심각성

꿈을 위해 시작했다가 꿈을 잃었다

집중력이 좋아지는 약을 먹었을 뿐인데

미국 고등학교 3학년에 재학 중인 17세의 H는 친구들 사이에서 멋진 스타일로 인기가 많은 아이였다. 그는 모두의 기대에 부응하듯이 패션 전공으로 뉴욕의 유명 대학에 진학했고 꿈을 이루기 위해 온 마음을 다 쏟았다. 학비는 대학생 융자 프로그램으로 받았지만 생활비와 용돈을 벌기 위해 아르바이트를 2개나 해야 했다. 그러다 보니 밤새워 공부하는 날이 잦았다. 학교 선배들처럼 뉴욕 중심가에서 가장 빠르고 멋지게 트렌드를 이끌어갈 생각으로 공부도 열심히 하고 멋지게 즐기고도 싶었다.

과제 준비를 할 때 학과 친구들은 커피와 각성제가 들어 있는 드링크를 마시기도 했지만, 그것으로는 부족해 다른 도움을 받는다고 했다. 그룹으로 함께 작업하던 친구들이 밤새워 작업하는 데 도움이 될 거라면 주었던 약은 ADHD 치료제였다. 하루에 몇 개씩 그 약을 먹으면 지칠 줄 모르고 밤을 새우며 작업할 수 있었다. 정신없이 과제를 마치고 나면 친구들끼리 며칠씩 같이 어울리는 날도 있었다.

프로젝트가 끝나고 몇몇이 모여서 놀 때는 언제나 다양한 술과 약들이 등장했다. 한 번씩 새로운 약을 먹고 쇼크로 쓰러져 병원에 실려 가는 친구들도 있었다. 몇몇 친구들은 학교 내 상담실에서 상담받기도 했다. 그러나 대부분은 학교 기숙사나 숙소에서 술과 마약을 하는 것이 학교생활 내에서 흔하게 일어나는 일이라 여기며, 심각하게 생각하지 않았다.

마약중독으로 인해 학교를 중퇴해도 부적응 정도로 생각할 뿐 중독이라고는 전혀 생각하지 않았다. 수많은 미래의 가능성과 트렌드를 이야기하는 클럽 파티에는 늘 술과 마리화나가 준비되어 있었다. 밤에는 화려한 패션과 대도시의 삶을 꿈꾸지만 약에서 깨어나면 신기루처럼 사라져서 원하던 미래는 영영 오지 않을 것 같아 불안했다. 재능을 발휘하며 즐겁게 했던 일들이 지금은 너무나 낯설고 자신감도 사라졌다. 클럽 파티가 끝나고 기숙사로 돌아와서도 우울하거나 몸이 아프면 언제든 약을 찾았다. 며칠간 앓고 나면 아르바이트는 해고 통지를 받거나 거듭 사과한 끝에 겨우 이어 가곤 했다.

자녀의 부담감, 부모의 죄책감

체력적으로 너무 힘든 데다 일이 줄어서 수입은 모자랐다. 일단 카드로 생활비를 충당하지만 결제일에 갚지 못하기 일쑤였다. 자신에게 화가 났지만 일이 꼬일수록 유일한 위안은 약이었다. 새 학기에는 잦은 결석으로 경고가 늘어나기 시작했고 두 달이 채 되지 않아 학교를 그만두고 말았다. 정신적으로 지치고 몸은 피폐해진 상태에서 집으로 돌아와야 했다.

엄마에게 현재의 상황을 다 털어놓지는 못했지만 한 학기를 쉬었다가 다른 공부를 하고 싶다고 말했다. 엄마는 괜찮다고 하면서도 자주 한숨을 내쉬었다. 엄마는 인정하고 싶지 않았지만 딸의 변화를 알아채고 전화로 상담을 해왔다. 딸한테서 담배와 다른 냄새가 자주 났고, 충혈된 눈, 불안해하는 행동을 보였으며 코피 흘리는 날도 많았다고 했다. 밥을 함께 먹는데도 살은 자꾸 빠져서 몸무게가 대학 입학 전보다 무려 9킬로그램이나 줄었다는 것이다.

약물 과다와 함께 코카인 증세까지 복합적인 문제가 있는 것 같았다. 더 힘들어지기 전에 몸에서 중독 성분을 빼내는 것이 급선무이고, 해독과 치료 후에도 재발할 수 있다고 이야기했다. 하지만 몇 번의 실패도 치료 과정이니 어머니도 함께 상담받기를 추천했다. 가족들이 중독에 대한 이해와 지식을 가져야 장기간에 걸친 치료를 감당할 수 있기 때문이다.

자식의 중독이 부모가 제대로 학비를 지원하지 못해서 생긴 일인 것 같아 엄마는 죄책감에 눌려 있었다. 뉴욕에 있는 대학으로 진학한 것을 두고두고 후회하며 가슴 아파했다. 딸과 적극적으로 이야기해서 치료받도록 권했지만 연락은 오지 않았다.

몇 개월이 지나 H의 엄마에게 다시 전화가 왔고 센터에 방문했다. 몇 차례 상담하는 동안 딸에게 가졌던 죄책감에서 조금은 벗어난 듯 보였으나 자유롭지는 못했다. 딸은 새 학기에 학교로 돌아가지 않았고, 한동안 액세서리 판매점에서 일하게 되었다고 했다. 밀린 학자금과 학교 다닐 때 쓴 카드빚을 갚지 못해 신용불량 상태라고 했다.

그럼에도 엄마는 딸아이가 일하는 것이 불안했다. 돈이 생기면 마약을 사지 않을까, 어딘가로 가버리지는 않을까 하는 생각에 겁이 난다고 했다. 처음 집으로 돌아왔을 때보다는 조금 나아진 듯했지만 언제 또 무슨 일이 생길지 몰라 늘 불안감이 떠나지 않았다.

보험 혜택을 받을 수 있거나 경제적 지원이 가능하다면 장기간 약물중독 재활원에 입소해 재활치료를 하는 것이 H의 부모님이 걱정하는 가출과 재중독의 염려에서 조금은 벗어날 수 있는 방법이다.

호기심에 젊음을 날려버리다

시작은 재미와 호기심

미국의 초중고는 오후 3시면 대부분 수업이 마치기 때문에 방과 후 활동이 없는 학생들에게는 이후의 시간이 몹시 지루하게 마련이다. 대중교통이 발달하지 않아 어디를 갈 수도 없고 미성년자들만 모이거나 이동하는 것이 허락되지도 않아 친구 집에서 모여 노는 경우가 많다.

10학년을 다니는 16세의 J는 학교를 마치고 집으로 가는 스쿨버스를 타지 않고 걸어서 친구네 집으로 갔다. 학교에서 하루 일과도 엉망이었고 방과 후 활동도 없이 친구 집에서 놀다가 집으로 갈 생각이었다. 친구네는 창고(Barn Garage)를 놀이공간으로 만들어 드럼 세트와 기타 그리고 노트북과 충전기들이 널브러진 테이블과 낡은 소파를 놓아두었다.

친구는 가방을 던져놓고 소파에 앉더니 소파 아래를 더듬어 뭔가를 꺼냈다. 그것은 바로 마리화나였다. “오늘처럼 기분 엉망일 때 딱이야”, “기분도 좋아지고 마음이 편안해져”라며 한번 해보라고 권했다. 담배보다 순하니 괜찮다고 했다. J는 진짜 기분이 좋아지는지, 친구들 앞에서 속상했던 일들을 조금이나마 잊을 수 있을까 하는 생각에 호기심 반으로 한 모금 피웠다. 역한 냄새와 메스꺼움이 느껴졌고 살짝 어지럽기까지 해서 더 이상 피울 수가 없었다. 친구에게 다시 돌려주었으나 다시 권하기를 두세 차례 이어졌다. 몇 번 거절하다 다시 한 번 피웠더니 처음보다는 불편함이 덜했다. 그리고 느슨해지는 기분으로 음악을 들으며 소파에서 뒹굴거리다 보니 엄마가 퇴근길에 데리러 왔다.

엄마는 “오늘 학교 어땠니? 점심은 잘 먹었니? 친구는 어떤 아이니?” 하고 물었다. J는 귀찮아하지 않고 열심히 대답했다. 엄마에게 죄책감을 느낀 때문인지, 아니면 기분이 좋아서였는지는 모르겠다. 그때만 해도 한 번의 일탈로 생각했다. 그날 이후 3년이나 계속해서 마리화나를 피우게 될 줄을 상상도 하지 못했다.

부활절 봄방학에는 여행을 가지 않는 친구들과 어울려 새로운 약인 베이퍼라이저(Vaporizer)를 해보았다. 라이터 크기의 기기는 담배 같았지만 레몬, 딸기, 페퍼민트 같은 향 때문에 죄책감이 덜했다. 그러다 어느 날은 새로운 물담배 기구를 구해 와서 친구들과 돌아가며 한 번씩 연기를 마시며 놀았다. 담배와 달리 기기가 예뻐서 재미난 장난감 같았다. 천천히 느슨해지는 기분과 몸이 가벼워지는 느낌은 담배처럼 말아서 피우는 것과 또 달랐다. 몸에 긴장감이 사라지고 살짝 기분이 좋아지는데 왜 이것을 위험하다고 하는지, 중독된다고 하는지 이해되지 않았다. 이런 정도라면 스스로 잘 통제할 수 있을 것 같았다.

처음은 역했고, 두 번째는 재미나게 놀았고, 세 번째는 심심할 때마다 마리화나나 피울까 하는 생각이 들기 시작했다. 일탈이 주는 긴장감이 좋았고, 한 달 용돈에서 10달러 정도 쓰는 것은 문제도 아니었다. 속상한 일이 생길 때면 마리화나가 생각났다. 또 필요하면 줄 테니 언제든지 말하라고 하는 친구도 생겼다. 언제부터인지 J는 마리화나가 자신을 당당하게 만들어준 듯했다. 친구들 앞에서 무엇이든 할 수 있을 것 같은 객기가 생긴 것은 물론이고 여학생들 앞에서도 자신감 있게 행동했다.

고등학교 마지막 학년이 되는 4월은 대부분 마음이 느긋하다. 진학할 대학도 정해졌고, 학교도 특별히 성적을 신경 쓰지 않아도 되니 재미있는 것을 찾아 이것저것 기웃거리고 어슬렁거린다. J는 생일을 축하해 주기 위해 친구들과 모였다. 부모님이 사놓은 술을 몰래 가져오고, 피자와 치킨을 배달시키고, 어디서 구했는지 마리화나를 꺼내 거부감 없이 하나씩 받아 들고 피웠다. 마리화나인데도 향이 좋고 기분도 굉장히 좋아지는 느낌이 들었다. 나중에 알게 된 것이지만 그날 피웠던 것은 순수한 마리화나가 아니라 화학약품이 첨가된 마리화나였다. 강도도 세고 환각 상태도 오래 지속되었다.

담배와는 전혀 다른 중독

J는 집 근처 놀이터까지 어떻게 갔는지 기억도 나지 않았다. 한 친구는 놀이터 정글짐에 발이 껴서 발목을 다치고, J는 뛰어내리다가 얼굴이 철에 부딪쳐 상처가 났다고 했다. 괴기한 몰골과 다친 모습에 친구의 부모님은 자초지종을 캐물었고 아이들의 부모님을 불렀다.

친구의 부모님은 미안하다고 말하며 당분간 아이들을 못 만나게 하자고 했다. 조금 늦게 도착한 J의 부모님은 하얗게 질린 얼굴로 아무 말도 하지 못했다. 일하느라 아들을 잘 못 챙겼다며 연신 미안하다고 말하고 집으로 돌아왔다. 얼굴에 긁힌 상처는 욱신거렸지만, 부모님의 긴 침묵이 더 무거웠다. 어떻게 마리화나를 피우게 되었는지, 얼마나 오랫동안 해왔는지 물었지만 사실대로 말할 수 없었다. 아버지는 긴 한숨만 계속 쉬다가 이렇게 말했다.

"클 때는 담배와 술을 한 번씩 할 수 있지만 마리화나는 마약이다. 이런 건 절대 안 된다. 한두 번밖에 안 했다니 앞으로 절대 하지 마라. 마리화나를 하고 놀이터를 갔으니 그 정도로 다쳤지. 차가 달리는 도로나 더 위험한 데로 갔으면 어쩔 뻔했니. 엄마와 아빠가 열심히 일하는 이유가 다 너희를 위해서 아니겠니."

J는 눈물을 훔치는 아버지를 보고 진심으로 미안한 마음이 들었다. 그 이후로는 학교 갔다 집에 돌아오면 문자를 보내고 부모님을 안심시키며 반성하는 시간을 보냈다. 부모님은 학교 공부도 잘하고 대학까지 합격한 아들이 마리화나를 했을 것이라고는 생각지

도 못했다.

부모들은 전화 상담을 하면 마리화나가 심각한 중독인지, 언제든지 끊을 수 있는 것인지, 자녀를 믿고 대학을 멀리 보내도 괜찮은지 등을 묻는다. 많은 부모들은 자녀들이 공부만 잘하면 다른 앞가림도 잘할 거라고 생각한다. 자신들도 20~30대에 친구들과 어울려 잠깐씩 피워봤지만 별문제 없었다고 여긴다.

그러나 그렇게 생각하면 큰 오산이다. 지금 시대는 부모 시대가 경험한 20~30년 전과 많이 다르다. 그때 당시로는 상상할 수 없을 정도로 다양한 마약들, 특히 강한 약들이 유통되고 있다.

중고등학생들은 마약에서 상큼한 향이 나기 때문에 마약에 대한 거부감이 적고, 뇌와 인체에 미치는 영향이 클 것이라고 생각하지 못한다. 아이들이 한두 번 했다면 몇 개월을 한 것으로, 1년 되었다고 하면 2~3년은 되었을 것으로 생각하고 중독 상담과 치료를 위한 검사를 해야 더 큰 피해를 줄 수 있다.

성장기의 통과의례로 끝나지 않는다

미식축구 선수의 꿈은 사라지고

필라델피아 정신치료 센터에서 뉴비전청소년센터로 연락이 왔다. 한국계 미국인 청년 D가 입소해 있는데 면담을 요청한 것이었다. D는 필라델피아에 아는 사람이라고는 고등학교 때 알았던 친구 한 명이 전부인데 고향 서부를 떠나 이곳으로 이사를 왔다. 친구를 만나기도 전에 마약을 투약하고 길거리에 쓰러져 있다가 응급실로 실려 가서 정신치료 센터로 이송된 경우였다. 그런데 보호자나 보증인이 없어서 퇴원이 어려운 상태였다.

D는 고향에서도 마약 투약과 재활치료 그리고 재발을 여러 번 겪다가 새출발을 하고자 친구가 있는 필라델피아로 온 것이었다. 그런데 친구보다 먼저 마약을 만났고, 차마 부모님을 부를 수 없어 마약 문제를 돕는 뉴비전청소년센터에 도움을 요청한 것이다.

D는 뉴비전청소년센터에 입소하기에 앞서 기본적인 서류 작성에도 어려움을 겪고 있었다. 신분증도 없이 거리에서 정신치료센터로 갔기에 무엇으로도 자신을 증명할 수 없는 상황이었다. 부모님께 연락해서 출생증명서나 소셜 넘버(Social Security Number, 사회복지번호로 주민등록번호 같은 개념)를 증명할 만한 서류라도 있어야 하는데 그것마저 어려웠다. 부모님 전화번호조차 제대로 이야기하지 못했다. 기억이 나지 않는 것인지 일부러 말하지 않은 것인지는 알 수 없었다.

D는 입소 절차를 거친 뒤 생활지침 안내를 받고 타월과 두어 벌의 옷, 속옷과 양말을 전달받았다. 방을 배정받고 D가 찾은 것은 얼큰한 한국 음식이었다. 언제 집을 떠나왔는지, 필라델피아에 도착한 날짜와 행선지 등을 전혀 기억하지 못했다. 김치찌개를 먹으며 어머니와 가족에 대한 이야기를 풀어냈다. 죄송하고 부끄러운 장남이라며, 여기서 마지막이라는 생각으로 치료와 재활을 해서 돈도 벌고 떳떳하게 부모님을 만나겠다고 다짐했다.

D는 부모님이 미국 유학 시절 그를 낳았기 때문에 미국 시민권자였다. 부모님이 유학 생활을 마치고 한국으로 돌아갔다 다시 미국으로 돌아와 서부 지역에 정착했다고 한다. D의 부모님은 미국에서 정착하느라 바쁘게 일해야 했고, D는 어려서부터 체격이 좋아 미식축구팀에 들어갔다. 하지만 부모님의 관심과 지원 없이 운동하고 친구들과 어울리는 것은 쉽지 않았다. 미식축구를 하는 아이들은 대체로 거칠었던 데다 유일한 동양인이어서 어울리지 못

하고 놀림받기 일쑤였다.

사실은 파멸의 길이었던 것

미식축구팀 내에서 살아남으려면 운동으로 최고의 실력을 보여주거나 주장을 비롯해 주류에 속하는 아이들에게 인정받아야 한다. 같이 연습하고 경기를 뛰어도 공을 전달받지 못하면 번번이 밀려나는 등 경기 중에도 보이지 않는 갈등이 있었다. 팀 내 아이들과 어울리며 버텨내기가 결코 쉽지 않았기에 어울릴 수만 있다면 무엇이든 할 수밖에 없었다. 연습이 끝나고 한 번씩 권하는 마리화나 한 대, 술 한잔 정도는 마셔줘야 따돌림을 당하지 않았다. 체력이 좋으니 이런 것들은 두렵지 않았다.

D는 미식축구 선수로서 살아남을 수 있는 유일한 길이라고 생각했던 것이 자신을 파멸로 안내할 줄은 미처 몰랐다. 이처럼 한두 번의 경험이나 호기심일 뿐 중독되지 않을 것이라는 자만심은 절대로 가져서도 안 된다. 마리화나만 피우는 것에 머무르지 않고 점점 더 강하고 자극적인 것을 찾게 되기 때문이다.

고교 시절 미식축구팀에서 시작된 빗나간 판단과 행동으로 인해 결국 D는 대학에 진학하거나 선수로 활동하지 못하게 되었다. 고등학교를 졸업한 후 커뮤니티 칼리지를 입학했고, 원하던 진로로 나아가지 못하게 되자 습관적으로 마리화나를 피우고 다른 마약도 접하면서 점점 더 몸이 망가졌다. 마약을 하는 친구들과 자주 어울리면서 여러 가지 사건 사고에 휘말리는 일도 많았다. 미식축구를 하면서 자신을 멋지게 드러내고 싶었던 D는 지금 미식축구를 하지도 못한다.

커뮤니티 칼리지를 다닐 때, LA 다운타운 내 클럽에서 술과 함께 헤로인과 LSD를 하는 날이면 정신을 잃고 쓰러지는 날이 잦았다고 한다. 커뮤니티 칼리지 공부도 따라가지 못해 그만두고 부모님께 실망을 드려 부끄러운 마음에 마약을 하고는 후회되어 곧바로 해독제를 먹은 적도 있다고 한다. 재활치료 센터에 입소하기도 했지만 번번이 다시 마약을 하게 되어 더 이상 부모님을 볼 수 없었다.

D는 집을 떠나 회복된 모습으로 부모님에게 돌아가리라 마음먹었다. 하지만 그는 또다시 길 위에서 쓰러지고 바닥으로 내쳐졌다. 미식축구 선수로 멋진 모습을 보이고 싶었던 D는 운동도, 꿈도 다 사라지고 미래가 보이지 않는 암울한 상황에 놓이고 말았다.

D의 부모님은 자녀를 돕고 싶지만 생계 문제로 마음을 쓸 여유조차 갖기 힘들었을 것이다. 그럼에도 불구하고 마약 문제가 발생하면 다른 어떤 일보다 우선적으로 상담하고 치료해야 한다. 으레 성장기에 겪는 자잘한 일탈, 한번쯤 사고 치고 반성하면 되는 일이 절대 아니다. 점점 더 악화되고 심각한 문제로 이어지다 결국은 사람을 잃게 되는 것이 마약 중독이다.

단 한 번이 한 번으로 끝나지 않는다

템플스테이 같은 기숙학교에서 벌어지는 일

미국 펜실베이니아주의 작은 소도시에 있는 기숙사형 사립학교는 엄격한 학습과 함께 다양한 예체능 활동을 지원한다. 이 학교의 학생들은 각자의 적성과 흥미에 따라 활동한 내용으로 개인 포트폴리오를 만들어 대학에 지원한다. 학교 최고책임자들이 한국과 중국 등 아시아를 방문해서 유학과 입학 설명회를 개최한 덕분에 중국과 한국에서 조기유학을 오는 학생들이 많았다.

그런데 유학설명회에서 본 것과는 달리 교육 프로그램과 기숙사 생활이 모두 느슨했다. 미국 현지 학생들은 스쿨버스로 등하교를 하고 다른 주에서 온 학생들이 몇몇 있었지만 대부분 유학 온 학생들이 기숙사 생활을 하고 있었다. 대개 수업은 3시 전에 끝나고, 재학생들은 대부분 다양한 방과 후 활동에 참여한다. 오케스트라, 밴드, 연극, 춤, 배구, 농구 등 예체능 활동을 하면서 개인 포트폴리오를 위한 영상 작업과 사진 촬영을 수시로 했다. 이것은 학교의 자랑이자 경쟁력이기도 했다.

이런 방과 후 활동도 5시 30분이면 끝나고 저녁 식사 후에 9시가 되면 각자의 방으로 들어가 이동을 삼가야 한다. 기숙사 사감은 1층에 거주하지만 4층에 이르는 모든 층을 제대로 관리하기란 쉽지 않다. 아이들 사이에서 템플스테이라고 불리는 골짜기 학교에서의 생활은 지루했고, 사감의 눈을 피해 크고 작은 일탈이 끊임없이 일어났다.

마약 파티가 일상이 되다

A는 토요일은 학교 버스를 타고 쇼핑몰로 나갔다가 저녁에 술과 담배, 마약을 사서 기숙사로 돌아왔다. 기숙사 취침 시간이 지나면 하나둘 옥상으로 올라가 술과 마리화나를 피우는 날이 잦았다. 이미 선배들 사이에서도 흔한 일이었고 A도 같은 방을 쓰는 중국 아이를 따라 한 번만 가보자 한 것이 그날까지 이어진 것이다.

누가 먼저랄 것도 없이 아이들은 춤추고, 몇몇은 담배를 주고받고 마리화나를 한 모금씩 돌려가며 피우기도 했다. 평소보다 많은 아이들이 모여 학교 선생님과 공부 스트레스 그리고 봄방학에 무엇을 할 것인지에 대한 이야기를 나눴다. 아이들이 한바탕 소란스럽게 놀다가 결국 사감이 올라와 일주일 외출 금지령을 받고 모두

흩어졌다. 이후 옥상에 올라가지는 않았지만 대담하게 방에서 마리화나를 피우는가 하면 알약을 먹는 아이들도 있었다.

밤새 공부해도 졸립지 않다고 해서 시험을 잘 보기 위해 A도 몇 번 약을 먹었다. 약 효과 때문인지 잠을 거의 안 자고 시험 준비를 할 수 있었다. 밖에서 음식이나 과자와 함께 미성년자는 살 수도 없는 술을 구해서 들여왔고, 그때마다 마리화나는 빠지지 않았다. 한 방에 모여 함께 어울리다 사감에게 주의와 경고를 받으면서도 몰래 마약을 하면서 멈추지 않았다.

봄방학이 끝나고 새 학기를 시작하는 주에 학생주임 선생님과 사감이 기숙사를 단속했다. 이때 마리화나와 알약이 압수되었고, 이것을 팔았다고 거론된 아이들과 잦은 모임을 권했던 4명은 결국 퇴학 처분을 받았다. 3명은 방과 후 클럽 활동 대신 '마약 중단 프로그램'을 이수하는 것으로 비교적 가벼운 경고를 받았다. 기숙사는 조금의 긴장감과 어수선한 분위기가 잠시 있었지만 마리화나 대신 알약을 계속하는 아이들이 있었다.

A는 공부에 집중하고 싶을 때면 한 번씩 유혹을 느끼곤 했다. 부모님 몰래 마리화나와 약을 했다는 죄책감과 이러다 진짜 중독으로 고등학교 졸업과 대학 입학도 어려울 수 있겠다는 두려움에 학교를 옮기고 싶다고 부모님께 말씀드렸다. 부모님은 한적한 시골의 기숙사가 안정되어 보였는지 그곳에서 졸업하기를 희망하셨다. A는 기숙사 생활을 하는 아이들이 마리화나와 마약으로 정학과 퇴학 처분을 받는다는 것을 말할 수 없어 대학 진학에 필요한

AP(대학 과목을 고등학교에서 미리 이수하는 것) 과목이 적다는 핑계로 필라델피아에서 가까운 사립학교로 옮기게 되었다. 부모님은 마땅찮았지만 그런 대로 만족했다. 도심에 있는 학교는 기숙사가 없기 때문에 홈스테이를 하면서 대학 진학에 집중할 수 있을 것 같았다.

약물은 외로움을 타고 스며든다

학교를 옮기고 A는 아이들을 자세히 보는 습관이 생겼다. 다른 아이들은 고등학교 시작(9학년)부터 함께 보낸 시간이 긴 것에 반해 10학년 봄학기에 전학을 왔던 A는 친구들을 사귀기가 힘들었다. 수업 이외의 모임이라고 해봐야 방과 후 주 1회 댄스 클럽 활동이 전부였다. 생활환경이 바뀌면 다 괜찮을 줄 알았다. 마약 없는 청정 지역으로 갈 수 있을 것이라는 기대는 하지 않았지만 생각보다 많은 아이들이 약을 하고 있었다. 기숙학교만큼은 아니어도 어느 학교나 마약과 마리화나를 권하는 아이들이 있었다.

마약으로 사건 사고가 있었다는 이야기도 심심찮게 들렸다. 학년별 파티나 생일 파티가 있는 날이면 기숙사보다 더 빠르게 다양한 약들이 등장했다. A는 마리화나를 해봤다는 이야기를 하지 않았다. 친구가 생기고 추억을 만들어 재미난 고교생활이 될 수도 있겠지만 중독될까 봐 마리화나를 피워봤다는 이야기는 절대 하지 않았다. 기숙학교보다 공부할 양이 많아 스트레스가 쌓이고 밤을 새워야 할 때는 커피만으로 부족해서 약이 생각났지만 한번 하기 시작하면 계속 찾게 될까 봐 무서웠다.

부모님은 통화할 때마다 '너를 믿는다', '최선을 다하자', '조금만 힘내라'고 응원해 주셨다. 그런 부모님의 '기대를 저버리게 되는 건 아닐까?', '내 행동을 아시면 얼마나 실망하실까?' 하는 생각이 들 때면 늘 마음이 불편했다. 한국에 계시면서도 내 성적과 대학 진학에 온 마음을 쓰시는 부모님을 생각하며 마음을 다잡았다. 원하는 대학에 입하지 못하고 부모님을 실망시킬 수는 없었다. 마음이 흔들릴 때마다 부모님께 메시지를 남기거나 전화를 해서 힘든 상황을 이야기했다. 학교 공부가 어렵고 성적이 떨어진 것, 몸이 힘들었던 일들도 털어놓았다.

A는 미국에서 처음 들어간 기숙학교와 이후에 옮긴 학교에서도 마약을 하는 많은 유학생들과 또래 아이들을 경계하며 고등학교를 졸업했다. 몇 년이 지난 뒤 A에게 어떻게 대학 생활을 했는지 물었다. A는 고등학교 때의 경험으로 대학에 가서도 모임이나 클럽 활동을 할 때 늘 조심하며 호기심 자체를 가지지 않으려 했다고 한다. 마리화나나 가벼운 알약이라도 마약에는 절대 빠져들고 싶지 않아서 경계하고 또 경계하며 대학 시절을 보냈다는 것이었다. A처럼 마약의 위험성에 대해 경계하고 조심하는 경우는 드물다. 모두 가볍게 생각했다가 자신을 망치는 경우가 더 많다.

삶의 자유가 아닌
삶의 파괴였다

특별한 영감을 준다는 착각

미국의 아이비리그 대학을 졸업하고 교육 사업을 하던 B씨는 대학 진학 컨설팅을 했다. 클래식 기타 실력도 수준급으로 크고 작은 행사에 초대되어 연주하기도 했다. 그러다 좀 더 전문적으로 연주하며 자유롭게 살고 싶다는 생각에 유명한 음악대학에 진학했다. 그가 들어간 실용음악학과의 학생들은 모두 자유롭게 연주하며 사는 삶을 추구하는 듯했다. 학교에서 만난 친구들과 어울려 그룹 공연도 하고, 가끔은 파티에서 연주하기도 했다. 다양한 악기 연주자들과 여러 장르의 음악들을 시도하면서 저마다의 연주와 창작 활동을 하는 대학 분위기는 자유로움 그 자체였다.

B는 다양한 악기들을 접하고 작곡을 하며 음악에 몰입하고 싶었다. 그런데 함께 공연하는 친구들은 공연을 앞두고 긴장감을 풀

기 위해 거의 대부분 마리화나를 피웠다. B도 고등학교 때 몇 번 해봤지만 특별히 좋은 기억이 없어서 마리화나를 찾지 않았다. 하지만 그룹 공연이 있을 때는 마리화나를 피울 수밖에 없는 상황이었다. 공연이 끝나고 맥주를 한잔하면서, 더러는 연습실에서, 귀가 후 집에서 긴장과 피곤함을 달래기 위해 마리화나를 피웠다.

친구들과 모여 음악 이야기를 나눌 때면 맥주 한잔만큼이나 부담 없이 마리화나를 준비했다. 연주를 할 때면 악기들의 미세한 음까지 들을 수 있다거나 몇 시간 동안 힘들지 않게 연주할 수 있다는 이유를 대며 마리화나를 피우는 친구들도 있었다. 학교 내에서 헤로인까지 하다가 학교 내에서 중독 상담을 받았다는 이야기도 들렸지만 자신은 그렇게 되지 않을 거라고 자신했다. 단지 연주에 더 집중하고 깊이 있는 음악을 할 수 있는 정도까지만 허용하리라고 생각했다.

피해가 적고 절제하기 쉬운 순한 마리화나만 피운다면 문제되지 않을 것이다. 하지만 B는 연주하기 전에 누군가 마리화나를 가지고 와서 '연주하는 동안 기분이 좋아질 거다'라고 하면 어떤 종류인지 살펴볼 겨를도 없이 그냥 피워버리기 시작했다. 어떤 것은 심심하고 아무 느낌이 나지 않아 점점 강한 마리화나를 찾게 되고 다른 마약에까지 손을 뻗었다. 자신이 연주하는 기타의 미세한 소리까지 느끼고 싶다는 생각에 한두 번씩 피우는 날이 잦아졌다. 연주가 있는 날이면 더 강한 마리화나를 찾고, 어떤 때는 하루에 3~4번을 피우기도 했다. 그것이 없으면 마리화나가 든 껌이라도 씹어야 마음의 위로가 되었다.

가끔 공연이 끝나고 집에 혼자 있을 때면 우울한 기분으로 멍하니 시간을 보내기도 했다. 그러다 며칠을 잠들지 못하고는, 또 며칠씩 잠에 빠져들었다. 이런 날이면 자신을 통제하지 못하고 마약을 하는 날이 더 잦아졌다. 몸도 마음도 이미 엉망이 된 B는 2학년을 마치고 부모님이 계시는 필라델피아로 돌아왔다.

자유인 줄 알았는데, 사실은 종속

아들의 변한 모습을 보고 깜짝 놀란 부모님은 몇 달을 고민한 끝에 뉴비전청소년센터로 전화를 걸어왔다. 자녀의 상태를 설명하며 중독이 아닌가 의심스러웠지만 무엇을 해야 할지 모르겠다는 것이었다. 부모님에게 아들과 솔직히 터놓고 이야기해보라고 권했다. 부모님과 대화를 나누기 어렵다면 의지하는 형제나 전문상담 기관의 도움을 받으라고 했다.

마약중독자들이 스스로 중독된 것을 인식할 때 비로소 자신의 삶을 바꿔보겠다는 의지를 가지고 치료를 시작할 수 있다. 대개는 자신이 중독되었다고 느낄 때는 많은 실수와 사건 사고를 겪고 난 뒤다. 스스로 중독을 인정하고 치료하기로 마음먹지 않는 한 상담이나 치료 그 어떤 것도 강제로 할 수 없다. 본인의 의지가 아니면 시작한다고 해도 실패하기 쉽다.

B는 좋아하는 음악을 하며 자유롭게 살고 싶어서 처음에는 가

벼운 마리화나를 했다. 하지만 대부분의 사람들이 그러듯 더 강한 약물을 찾게 되고 중독의 늪으로 빠져든 것이다. 자유를 얻기는커녕 파괴되고 구속되어 버렸다. 마리화나를 하는 동안 음악적으로 많은 가능성을 꿈꿨지만 어느 누구도 중독을 피할 수 없다는 것은 몰랐을 것이다.

B의 사례에서도 알 수 있듯이 마약은 마리화나로 가볍게 시작하지만 결코 가볍게 끝나지 않는다. 1960~1970년대에 마리화나를 한두 번 피워봤다는 어른들이 있다. 그들은 순수 마리화나만 말아서 피웠기 때문에 큰 자극이나 뇌에 심각한 피해를 입지 않았다. 오늘날에는 순수 마리화나 재료만으로는 효과가 강하지 않아 화학성분이 첨가된 마리화나를 피운다. 강한 것에 맛들리면 마리화나에 머물지 않고 더 강한 알약을 찾게 된다.

과거에는 우리나라에서 마리화나를 하다 검거된 사람들 대부분이 음악을 비롯한 예술 종사자들이 많았다. '대마초 흡연'으로 구속된 연예인들도 종종 있었다. 마리화나 흡연으로 적발된 가수 중 한 명은 '창작의 고통을 견디기 힘들었다'라는 이유를 들어 화제가 되기도 했다. 마리화나를 피우고 음악을 들으면 악기들의 특성과 미세한 소리까지 들을 수 있고, 자신감이 충만해져 몸으로 잘 표현된다고 한다. 음악적 영감, 자신감과 집중력, 작품에 대한 심리적 압박감 등을 이유로 드는 것이다. 어느 화가는 '마리화나 없이 그림을 그린다는 게 가능한가? 미술 전공한 사람들은 그림을 무슨 영감으로 그리나'라는 이야기를 인터넷 게시판에 올리기도 했다.

마리화나를 피우면 처음에는 기분이 좋아져서 영감이 막 떠오르고 집중이 잘되어서 효율적으로 일하게 된다는 사람들도 많다. 일시적으로는 그럴 수도 있을 것이다. 그러나 한번 빠져들면 점점 강한 자극을 갈망하다 마약에 종속되고 만다. 마리화나 안에서 자유는 없다. 마리화나는 구속과 파멸의 길로 이끌 뿐이다.

통제되지 않는 일상

자신이 무엇을 하는지도 모르는 상태

뉴비전청소년센터에 한 입소자가 대형 TV 한 대를 가지고 들어왔다. 입소자들은 자신의 옷가지와 핸드폰 정도 가지고 들어오는데 아주 이례적인 일이었다. 대형 TV라 2층으로 올리기도 쉽지 않아 1층 강당 한쪽에 두면 어떻겠냐고 물었더니 입소자 R은 단호하게 "안 된다"라고 대답했다. 비좁고 가파른 계단을 거쳐 TV는 방 한쪽에 놓였다. 입소자들이 거주하는 방에는 TV 케이블이 연결되지 않아 볼 수는 없었다.

어느 날 R의 어머니는 떨리는 목소리로 센터에 전화를 걸어 긴급하게 도움을 요청했다. 소장님이 R의 집 안으로 들어갔을 때는 한바탕 소동이 있었는지 거실 바닥에는 물건들이 널브러져 있었다. 어머니는 주방 식탁 옆에서 불안에 떨었고, R은 2층 방에서 홍분한 채 전화기를 붙들고 있었다. R은 중독이 어느 정도 인지 진단해보지 않았지만 행동으로 보면 심각한 상태였다. 누구도 그를 통제할 수 없는 상황이었다.

언제부터 시작했는지 정확히 알 수는 없었다. 하지만 몇 달 전부터 마약중독을 알아채고 치료를 권했지만 점점 더 거칠게 행동할 뿐이었다. 지난 몇 주간 집에 오지도 않았는데 어젯밤 집에 와서 갑자기 용돈을 달라고 했다는 것이었다. R의 부모님이 돈을 줄 수 없다고 하자 흥분해서 난동을 피운 것이었다. 그러다 어제는 거실에 있는 대형 TV를 가져가겠다며 떼어냈다고 한다. 몇 년 전 자신이 산 것이니 자기 마음대로 하겠다는 것이었다.

그동안 돈이 될 만한 컴퓨터, 노트북, 게임기 등은 이미 오래전에 가져가서 팔았고, 최근에는 부모님의 수표에 몰래 서명해서 현금을 쓰다가 들키기도 했다. 그렇게 번번이 집 안을 들쑤셔놓더니 어머니와 누나를 협박하고는 나가버렸다고 한다. 누나와 어머니만 있는 집에서 아들의 행패를 감당하기도 힘들었고, 자칫 말리다 다치기 십상이어서 함부로 나서지도 못하는 상황이었다. 언제부턴가는 경찰에 신고해서라고 이 위험한 상황에서 벗어나고, 아들도 중독 상태에서 벗어날 수 있도록 해야 하지 않을까 고민했다.

R의 센터 입소는 한시적인 것이었다. 가족을 위해 단 며칠만 머무는 것이어서 어느 것도 시도할 수 없었다. 약을 언제부터 얼마나 했는지도 모를 일이었다. 어제는 악의에 차서 분노를 이기지 못하고 씩씩거리더니, 오늘은 초췌해진 몸으로 물만 마시다 점심때가

한참 지난 늦은 오후에 먹을 것을 주문해서 먹었다. 어떤 이야기도 하지 않는 그를 그저 잠잠히 살필 뿐이었다. 센터에서는 마약이 금지되어 있으니 하루 이틀 지나면 몰래 하거나 금단 증상으로 견디기 힘들 것이다.

형벌과도 같은 가족의 중독

상담을 하거나 중독치료를 시작하는 것 모두 자신의 의지가 있어야 한다. 본인이 의지가 없고 자신의 상태를 인지하지 못하는 상황에서는 치료를 시작할 수 없다. 대화를 시도하다 자칫 폭언과 폭행이 일어날지도 모른다. 약기운이 떨어지고 다시 잠잠해지면서 급격한 감정의 변화가 일어났을 때 비로소 치료를 권해볼 수 있다. 이성을 잃고 난동을 부리는 자녀를 본다면, 자녀의 몸이 망가지는 모습을 본다면 부모의 가슴은 타들어 갈 것이다. 더욱이 자녀가 미성년자가 아니라면 부모가 보호자로서 대신 치료를 의뢰하지도 못한다.

성인이 된 자녀가 중독에 빠져 스스로를 통제하지 못하고 가족을 폭행하고 가정에 피해를 입힌다면 부모가 할 수 있는 일이 무엇일까?

우선 대화가 된다면 자신의 상황을 인지하고 치료와 재활을 통해 마약중독에서 벗어날 수 있다. 그러나 중독을 인정하지 않고 치료와 상담을 거부한다면 자신의 삶을 책임지고 살아갈 기회를 잃게 된다. 최악의 경우 부모를 폭행하거나 물건을 훔치면 경찰에 신고해 접근 금지 명령을 해야 하는 상황에 이르기도 한다.

성인들은 마약을 하고 있다는 것을 은밀하고 용의주도하게 숨길 수 있다. 그래서 심각한 상태에 이르러서야 부모가 알게 되는 경우가 많다. 가족 중 마약을 하는 듯한 예후를 잘 살핀다면 통제가 불가능해진 상황에 이르기 전에 도움을 줄 수 있다.

자녀들이 마약을 몇 번 했을 때는 딱히 눈에 띄는 예후가 없거나 못 느낄 때가 많다. 그러나 마약 사용 시간과 양이 늘어났을 때 가장 대표적인 신체 변화는 급격한 몸무게 변화와 잠자는 패턴이 달라지는 것이다. 충혈된 눈, 잦은 코피, 피부색의 변화도 의심스러운 징후이다. 취미로 하던 것을 멈추거나 심각한 성격 변화와 감정 변화와 함께 사람들과 자주 갈등을 빚는다면 눈여겨봐야 한다. 일찍 발견할수록 상담을 권하기도 쉽고 빨리 치료하면 회복도 빠르다.

가족과 자녀가 중독으로 점점 힘들어하는 모습을 지켜보는 것만큼 잔인한 형벌도 없을 것이다. 통제할 수 없는 지경에 이르기 전에 실낱같은 작은 희망이라도 잡을 수 있도록 조금만 더 세심히 살펴보자.

자녀를 향한 믿음과 의심의 줄다리기

세심하게 살펴봐야 할 것들

F는 학교 탁구팀 대표선수로 지역 대회와 주 대회에서 수상한 경력이 있다. 함께하는 팀 선수들은 수업은 물론 방과 후 활동, 특별훈련까지 같이 하다 보니 자연스럽게 친해졌고, 서로의 집에 놀러 가는 것도 부모님들이 쉽게 허락해 주었다.

어느 날, 같은 팀인 J의 부모님이 일주일간 집을 비웠다. 그렇게 해서 F는 주말을 J의 집에서 보내게 되었다. J는 대학생 형이 약속이 있어서 나가자 형이 쓰던 액상 마리화나를 가지고 왔다. 담배처럼 말아서 피우는 마리화나와 달리 액상 마리화나는 과일과 민트 등 다양한 맛과 향이 있어서 마약을 한다는 기분도 들지 않고 재미있었다. 그날 J의 집에서 마리화나를 경험한 이후, F는 방과후와 주말이면 친구들끼리 모여 으레 마리화나를 피웠다.

F의 부모님은 아들이 친구 집에서 자거나 외출한 날은 이상한 냄새가 난다는 것을 깨달았다. F의 눈이 충혈된 날도 잦아지자 부모님은 조금씩 의아해했다. 말을 걸면 자꾸 눈을 피하며, 평소와 달라진 아들을 보면서 의심이 들었다. 그러나 향이 좀 센 담배를 피우는 거라고 생각했지, 마리화나를 피울 거라고는 꿈에도 생각하지 못했다. 혹시나 마약을 했을까 하는 생각이 들어도 설마 하고 머릿속에서 떨쳐냈다. 자칫 아들을 의심해서 마음의 상처라도 입을까 봐 말을 꺼내기도 쉽지 않았다. F의 부모님은 어떻게 해야 할지 몰라 뉴비전청소년센터로 전화해서 그동안 아들의 상황을 전해주며 마약 검사를 하고 싶다고 했다.

의심을 믿음으로 전환하는 법

자녀를 의심만 할 수도 없고, 그렇다고 괜찮을 거라며 마냥 외면할 수도 없다. 그러나 의심되는 상황이 자꾸만 나타나면 불안과 고통의 시간이 길어지기만 한다. F의 부모님도 애타는 심정으로 몇 달을 지켜보다 더 이상 그냥 둘 수 없다는 생각이 들었다. 차라리 어떤 결과가 나오든 검사를 해서 의심을 해소하고 싶었다.

하루는 가족이 모인 자리에서 F의 부모님은 '마리화나를 피우는지, 얼마나 오랫동안 피웠는지' 물었다. 그러자 F는 11학년에 몇 번 해봤고, 12학년에는 친구 집에서 자고 온 날 한 번씩 했다고 털어놓았다. 학교 친구는 운동부 아이들밖에 없는데 그들이 권하면 혼자 거부할 수 없다는 것이었다. 그러면서 자신은 잘 조절하고 있으니 문제없다고 덧붙였다.

F의 아버지는 호기심을 넘어서 '몸이 상하게 되고 중독되는 것은 굉장히 위험한 일'이라고 설명했다. F는 부모님이 혼낼 거라고 생각했는데 자신의 이야기를 들어주고 진심으로 걱정하는 모습을 보고 가족들에게 더 이상 실망을 주지 않으려고 검사를 결심했다. 이를 계기로 가족이 속마음을 터놓고 대화하면서 진심을 알게 되고 더 깊은 신뢰가 쌓였다고 한다.

이처럼 자녀의 약물중독이 의심되는 경우에는 건강을 위해 검사하자는 식으로 권해보는 것이 좋다. 그래도 거부한다면 가족 모두 정기 건강검진을 해볼 것을 추천한다.

무엇보다 단호함이 필요하다

F의 부모님은 아이들이 부모의 관심과 정성만큼 믿고 성장한다는 걸 느끼며 가족과 함께 시간을 보내기 위해 출장도 줄이고 생활방식과 생각들을 바꾸었다고 한다. 아들에게도 부모의 욕심과 기대를 강요하지 않고 진심으로 원하는 공부를 할 수 있도록 지원해 주기로 했다. 특히 스트레스로 약을 찾는 일이 없도록 세심히 살폈다. F는 자신을 위해 가족들이 온 마음으로 응원해 주고 마음을 터놓고 이야기할 수 있어 자신감도 더 커졌다고 한다.

부모는 자녀를 믿고 늘 응원해야 하지만 해서는 안 되는 일에 대해서는 단호하고 엄한 모습을 보여주어야 한다. F의 부모님은 자녀를 믿고 싶은 마음과 의심할 수밖에 없는 상황들을 보면서 마음이 복잡하고 힘든 시간을 보냈다. 하지만 자녀의 고민이 무엇인지, 또 학교생활이 얼마나 힘들었는지를 처음으로 알게 되었다.

호기심이 많고 친구들과 잘 어울리는 아이들은 크고 작은 사건 사고에 연루되기 쉽다. 그럴 때마다 부모가 혼내고 훈계하기에 급급하다면 자녀는 부모와 더 이상 대화를 나누지 않고 사건 사고는 점점 숨기게 된다. 부모도 자신의 양육 방식이나 태도를 돌아보며 자녀를 이해하려고 할 때 가족은 함께 힘을 모아 어려움을 이겨내고 더욱 튼튼한 관계를 만들어간다. 어떤 어려움이 있는지, 얼마나 힘들었는지를 듣고 이해하고 지지하려고 노력할 때 진심을 느끼고 믿음을 갖게 된다.

부모와 자녀 간의 믿음이 다시 살아날 때 중독뿐만 아니라 어릴 적 받은 상처들까지 회복될 수 있다. 부모는 청소년기를 지나는 자녀들을 절대적으로 믿어서도 안 되지만 의심만 하는 것도 지양해야 한다. 자녀의 성품은 믿더라도 어쩔 수 없는 상황이 있게 마련이다. 따라서 늘 조심스럽게 살펴야 한다. '절반의 믿음과 절반의 의심'은 청소년기 자녀를 둔 부모에게 필요한 태도다.

3장

중독치료는 받아들이는 것에서 시작된다

마약중독 치료가 필요한 이유

세상에 가벼운 마약은 없다

중독은 중간 단계가 없다

미국의 몇 개 주에서 치료용으로 마리화나가 허가되기 시작하더니 내가 일하는 필라델피아와 거주하는 뉴저지주에서도 마리화나를 파는 가게들을 쉽지 않게 볼 수 있다. 언제부턴가 식당과 쇼핑센터 주차장에서 마리화나 냄새가 나기도 했다. 어린 청소년들을 유혹하는 화학약품으로 만든 마리화나도 버젓이 판매되고 있다. 2~3년 전부터 그로서리(Grocery, 잡화점)에서 'Spice, K2, Summit, MR. HAPPY, SCOOBY SNAX'라는 제품이 2~4달러에 판매되기 시작했다. 언뜻 불량식품으로 보이는 이것은 합성 마리화나(Synthetic Marijuana)로 중독성 화학물질 덩어리라고 볼 수 있다.

합성 마리화나를 싼값에 손쉽게 살 수 있게 되면서 청소년들 사이에서 급속도로 퍼졌다. 마트에서 살 수 있을 정도로 흔하다고 해서 결코 가볍게 볼 것이 아니다. 이것은 미국 마약단속반의 단속 대상 제품이기도 하다. 합성 마리화나에 든 화학물질은 몸에 유해하며 실제로 사망에 이르는 경우도 있다.

식물에서 추출된 것만으로 만든 순수 마리화나는 중독성이 약하다. 한두 번 피웠다고 중독되거나 금단 증상이 생기고, 몇 개월 피웠다고 환상이나 환청을 듣거나 심각한 뇌손상으로 인지 기능이 떨어지지도 않는다. 순수 마리화나를 피우고 식욕이 좋아지기도 하고 물을 많이 마시기도 한다. 눈이 충혈되는 증상도 나타나지 않는다. 이런 이유로 학생들은 몇 번 해봤는데 아무렇지 않다고 생각한다. 담배보다 덜 해롭고 기분은 더 좋다고 하며 마리화나를 피운다. 그러나 이는 어디까지나 순수 마리화나에 대한 이야기다.

청소년들은 순수 마리화나를 구하기 어렵다. 그래서 화학약품이 첨가된 싼 마리화나가 친구들 사이에서 유통된다. 처음에는 가볍게 담배 한 대 피우듯이 시작하고 긴장감을 없애주는 정도의 효과를 얻는다. 하지만 점점 횟수와 기간이 늘어나면 같은 양의 마리화나로는 만족을 느낄 수 없어 점점 강도가 센 마리화나를 찾게 된다. 그러다 학업과 일을 하는 현장에서 크고 작은 스트레스가 생길 때마다 현실 도피를 위해 마리화나를 찾는다. 이렇게 하다 보면 다른 마약성 약품까지 손을 뻗칠 가능성이 높다. 필로폰이나 헤로인으로 발전하기 때문에 피해는 더욱 심각해진다.

필로폰 제조에 사용되는 물질은 염산, 아세톤, 중조, 클로로포름, 활성탄 등의 독극물과 같은 유해 화학성분들이다. 이러한 성분이 몸속으로 들어가면 면역력 저하가 일어나 신체 부위(간, 혈관, 뇌, 뼈)에 치명적인 손상을 입히고 뇌로 전달되면 중추신경계, 해마, 연수, 전두엽 등 뇌세포 손상으로 이어져 평생 회복하기 힘든 정신질환을 겪을 수 있다.

마약으로 빠르고 쉽게 극도의 즐거움과 행복감을 느끼다 약효가 점점 떨어져서 깨어나면 극도의 불안감과 환청, 의심, 편집 증상 등이 나타난다. 누군가 자신을 잡으러 오고 있다든지, 집에 몰래카메라를 설치해서 자신을 감시한다는 망상에 사로잡히기도 한다. 창문으로 자신을 지켜보고 있다고 생각하며 커튼을 이중삼중으로 가리고 문은 꼭꼭 걸어 잠근다. 운전하다가도 뒤차를 보고는 자신을 미행하는 것이라 생각하고 급히 달아나다 사고를 일으킨다.

신체적 변화로는 피부가 푸석하고 거칠어지며 급격한 체중 변화가 일어난다. 갑작스럽게 체중이 줄어들면서 당뇨나 고혈압이 생기고 뼈가 약해져 외부의 작은 충격에도 골절을 입거나 이가 빠지기도 한다. 마약은 뇌 손상에도 큰 영향을 미친다. 임신한 상태에서 마약을 하면 뇌성마비와 장애를 가진 아이가 태어나고, 몸이 완전히 성장하지 않은 청소년은 성인보다 더 심각한 손상을 입는다.

절대 안이하게 생각해서는 안 되는 문제

중고등학교나 대학 생활 중에 자녀가 마약을 한다는 것을 알게 되었다면 우선 대화를 시작하는 것이 좋다. 그리고 어떤 마약을 얼마 동안 했는지 들어보라. 부모에게 털어놓기 힘들어하면 상담을 받아보라고 권유한다. 한두 번 했을 뿐이라는 말을 곧이곧대로 믿어서는 안 된다. 뉴비전청소년센터에서 만났던 대부분의 청소년들은 부모와 어른들이 알게 되었을 때는 이미 1~2년 동안 마약을 해온 상태였다.

자녀의 말을 그대로 믿고 대수롭지 않게 생각하거나, 오랫동안 마약을 한 것을 알고도 방학이 되면, 혹은 학위를 마치면 치료를 하자고 미루는 것은 더 위험하다. 중증이 아닌 한 학교에 다니면서 얼마든지 치료할 수 있다. 그리고 중독의 정도가 심각하다면 당장 휴학하거나 일을 중단하고 치료를 시작해야 한다. 학업은 잠시 쉬었다가 다시 이어갈 수 있지만 마약중독은 치료 시기를 놓치면 더 심각한 중독으로 이어지고 몸의 기능이 손상되어 회복하기가 더 더욱 힘들다.

자녀가 마약을 했다는 것을 알고도 대수롭지 않게 지나쳐서 더 심각한 문제로 이어질 수도 있고, 정말 한두 번 했는데 부모에게 들켰을 수도 있다. 그렇기 때문에 부모가 보았던 약을 가지고 현재의 몸 상태(약물 중독의 정도)를 확인해야 한다. 너무 확대 해석해 자녀와 갈등이 생길 수도 있지만, 안이하게 생각했다가 빠르게 약물중독으로 이어져 더 큰 문제가 될 수 있다.

마약 판매와 운반 등 불법 행위에 연루되었다면 즉시 변호사의 도움을 받는 것이 바람직하다. 마약 문제를 돕는 여러 상담사가 있지만 법률적인 문제는 결국 변호사의 도움이 필요하다. 마약을 사고파는 과정에서 일어나는 죄의 비중이 자녀에게 불리하게 작용할 수도 있고, 반항심에 내뱉는 말로 인해 형을 더 받기도 한다. 어쩌다 마약 판매에 연루되면 일시적으로 돈은 벌 수 있지만 경찰이나 마약단속반에 의해 검거될지도 모른다는 불안감과 심리적 압박감이 늘 따라다닌다.

마약 문제로 검거되면 범죄 기록이 남아 향후 취업과 진로에도 심각한 피해를 입는다. 정신과 신체적 손상이 일어나 학업과 취업을 하기도 힘들다면 미래의 삶에도 엄청난 영향을 미치는 것이다. 마약을 하다가 검거된 사람이 경찰에서 자신에게 약을 판 사람의 이름을 밝혀서 검거되는 경우도 드물지 않다. 그렇게 되면 마약 판매자들이 보복할지도 모른다는 두려움으로 정상적인 생활을 하기가 거의 어렵다.

게다가 중독은 가족과 주변 사람에게도 심각한 고통을 준다. 특히 10대 자녀를 둔 부모들은 마약중독 예방을 위해 평소에 자녀들에게 관심을 기울여야 한다. 마약중독은 청소년기에 일어나는 일탈과 달리 단기적인 문제가 아니라 지속적이다. 또한 다른 문제에 연루되기 쉬워서 가족 문제와 사회문제로까지 이어진다. 마약을 하는 자녀가 있다면 우선 마약과 중독에 대해 배우고 어떻게 도울 수 있을지 찾아봐야 한다. 전문가의 도움을 받아 치료에 대한 전반적인 과정을 이해하고, 알맞은 치료 시설을 찾고 계획을 세우는 등 가족이 함께 응원하며 도와야 한다.

다행히 아직 문제가 없는 가정이라면 마약중독의 위험성을 알고 어떠한 경우에라도 가까이하지 않도록 미리 예방하는 것이 가장 바람직하다. 마약의 위험에 대한 예방은 아무리 강조해도 지나치지 않다. 자녀들의 일탈이나 마약중독을 알고도 적절한 치료나 상담을 하지 않으면 더 큰 문제에 노출되기 쉽다.

중독은 자신이 판단하는 것이 아니다

다들 한다 해도 자신은 절대 하지 말아야 한다

고등학교 10학년인 C의 부모는 학교로부터 방문하라는 연락을 받았다. 아이가 학교에서 마리화나를 피우다 걸렸다는 말을 듣고 불안한 마음으로 아이가 돌아오기를 기다렸다. 학교에서 연락한 것을 알았는지 딸아이는 겁먹은 듯 집으로 들어왔다. 엄마가 어떻게 나올지 몰라 잔뜩 기가 죽어서 눈치를 살피는 듯했다. 하지만 부모는 아이보다 더 긴장하며 몇 번이나 호흡을 가다듬어야 했다.

부모는 아직 어리다고만 생각했던 딸이 훨씬 더 빠르게 세상을 경험했다는 사실에 충격받았다. 어느새 자기만의 생각과 기준으로 변화하고 있다는 것을 눈치채지 못했다. 더구나 딸하고는 속마음까지 터놓고 이야기한다고 생각했는데 엄마의 착각이었다.

"학년 파티 때 딱 한 번 피워봤어요. 그때 같이 피웠던 애들이

랑 남은 걸로 해본 거예요." 아이는 이렇게 변명했다. 하지만 어디까지 믿어야 할지 알 수 없었다. 학교까지 불려가게 될 줄은 상상도 하지 못했다. 누가 마리화나를 가지고 왔는지 물었지만 모른다며 끝내 대답하지 않았다. 아이는 다들 피우길래 그냥 해봤다고 했다. 엄마는 '다들'이라는 말에 큰 소리로 다그쳤다. "다들 피워도 너는 안 한다고 했어야지. 그게 어떤 건 줄 알아? 그건 마약이야. 불법이라고." 엄마가 윽박지르자 딸아이의 목소리도 같이 커졌다. 자신은 딱 두 번밖에 안 피웠고 공부에 소홀하지도 않았다는 것이었다. 더구나 중독되지도 않았으니 믿어달라고 했다.

엄마는 딸의 말을 믿어야 할지, 이 정도에서 정말 끝나는 것인지 알 수가 없었다. 하지만 딸이 잘못했다고 하고 다시는 하지 않겠다고 약속했으니 일단 믿을 수밖에 없었다. 학교 수업을 마치면 바로 스쿨버스를 타고 집으로 돌아오고, 한 달간은 학교 외에 외출을 금지했다.

이틀 후 C의 부모님은 학교를 방문했다. 담임선생님은 C가 학교 공부는 대체로 잘하는 편이고, 친구들과 잘 어울리며 다른 특별한 문제는 없다고 했다. 고등학생이 되면 많은 학생들이 마리화나를 피우고, 누가 판다는 이야기도 심심찮게 들리지만 학교에서는 매일 점검할 수 없는 실정이라 한계가 있다고 했다. 많은 아이들이 마리화나를 한다는 말은 위로가 되지 않았다. 이런 상황에서 학교를 보내야 한다는 것에 막막한 기분만 더할 뿐이었다. 그래도 다른 집 아이들은 문제없이 잘 큰다고 생각하니 마음이 더욱 답답했다.

학교에서 마리화나를 피우거나 파는 행위는 교칙에 위배되는 것으로 며칠간의 정학은 불가피하다고 했다. 선생님을 만나고 집으로 돌아오는 차 안에서 부모는 잔소리하지 않으려고 참으면서도 한마디 했다. "친구들이 마리화나를 하자고 자꾸 권해도 몇 번만 참아봐. 이 시기만 잘 넘기면 대학에 들어가서 네가 앞으로 진짜 하고 싶은 걸 할 수 있어." 딸아이는 알겠다며 다시는 하지 않겠다고 약속했다.

엄마는 딸아이가 또다시 마리화나의 유혹에 넘어갈까 봐 늘 마음이 불안했다. 그래서 좀 더 살갑게 챙기고 자주 메시지도 보내며 학교 행사에도 더 신경 썼다. 다행히 한 학기를 마칠 때쯤 함께 마리화나를 피웠던 아이들과는 사이가 뜸해졌다. 이제 어느 정도 예전의 일상으로 돌아온 듯했다. 하지만 학교에서 흔히 마리화나를 피운다고 하니 검사라도 해봐야 하는 게 아닌가 하는 생각이 들었다. 검사를 해보면 불안하고 답답한 마음이 풀릴 것 같았다. 그리고 오히려 그것이 아이를 지키는 길이라는 생각도 들었다.

마약 검사를 두려워하지 말자

약물 검사는 일반 병원이나 약물 검사를 전담하는 연구소(Lab)에 의뢰한다. 일반적으로 약물검사에는 소변, 혈액, 침, 머리카락이 사용되는데, 마약 검사는 머리카락과 소변으로 가능하다. 마약 검사의 경우 의사와 면담 후 소변이나 혈액을 채취해서 전문 기관으로 보낸다. 법원이나 형이 집행되는 상황이거나 법원의 감독하에 재활치료 중인 경우에는 지정된 검사 센터를 이용한다. 대부분 마약과 약물 남용 검사는 약물의 종류, 사용량, 약의 효력, 개인의 체질, 건강 상태, 신진대사, 운동, 수분 섭취 등과 같은 많은 요인에 따라 달라진다.

미국에서는 약국에서 파는 마약 및 약물 테스트기(Home Drug Test, Prime Screen, 열네 가지 검사 가능)로 간단하게 검사해 볼 수 있다. 한두 가지 검사를 할 수 있는 테스트기는 10달러 정도이고, 여러 가지 검사를 할 수 있는 것은 20~30달러 정도 한다.

마약 전문 검사기관 랩콥(Labcorp)과 퀘스트 디아그노스틱(Quest Diagnostic)을 방문해 소변으로 특정 약물 한 가지를 검사하는 경우는 50달러 정도이고, 여러 가지 약물을 검사하는 경우 비용이 조금 높아진다. 소변으로 검사할 경우 100달러 미만, 머리카락과 혈액으로 검사할 경우 대략 130달러까지 올라간다. 5~9개 정도의 마약 약물을 한 번에 검사할 수도 있다. 검사 결과는 공인된 보고서로 국가기관이나 취업할 때 인증용으로 제출하면 된다.

머리카락 검사

6개월에서 1년 전에 사용한 것까지 체내에 남아 있어서 검출이 가능하다. 호흡기와 혈액을 타고 모세혈관을 거쳐 모근까지 마약 성분이 뻗어나가기 때문이다. 눈썹, 수염, 음모 등은 성장주기가 제각기 다르지만 머리카락은 한 달 평균 1센티미터 정도 자라기 때문에 머리카락이 사용된다. 마약이 모세혈관을 따라 모발에 흡수된 뒤 계속 남아 모발이 성장하면 함께 이동하기 때문에 장기적으로 투약 사실과 시기까지 측정할 수 있다. 머리카락 12센티미터 정도면 1년 전에 투약했던 약물까지 알 수 있다.

소변 검사

마약을 복용하면 혈액으로 흡수되어 체내를 돌아다니다 소변으로 배출된다. 필로폰은 1.5~7일, 마리화나는 짧게는 1~4일 걸리고, 복용자는 30일까지 소변으로 검출된다. 소변검사는 단시간 내의 마약 복용 여부를 판단할 때 많이 사용된다.

자녀가 처한 현실을 직시하라

교사에서 중독자로 전락한 아들

H는 특수학교 교사로 일하는 중에도 중독치료를 받아왔으나 번번이 실패하고 마침내 LA에 있는 마약중독 치료센터에 입소하기로 결정했다. 그동안 상담과 정신과 치료도 받고 퇴근 후 또는 방학 동안 재활치료 센터에 입소해서 치료받기도 했지만 일상으로 돌아오면 몇 개월이 지나지 않아 또다시 유혹을 이기지 못했다. LA에 있는 재활치료 시설로 가기 위해 공항에서 배웅하는 어머니는 걱정이 앞서는 가운데 마지막 치료가 되기를 간절히 바랐다.

어머니는 아들을 믿기로 했다. 교사로 일하다 휴직하고 재활치료를 위해 떠나는 아들도 더 이상 나락으로 떨어지고 싶지 않은 간절한 마음이었다. 슬픔이 묵직하게 내려앉았지만 실낱같은 희망이라도 부여잡고 재활치료를 잘 마치고 멋진 모습으로 돌아오기를 바랐다.

H는 훤칠한 키와 잘생긴 외모에 반듯한 태도까지 어디서나 눈에 띄는 용모였다. 웃는 모습이 선한 인상을 풍겨서 사람들에게도 인기가 많았다. 어려서부터 엄마를 잘 챙기고 딸 같은 아들이라는 말을 들으며 자랐다. 한마디로 어느 누구도 전혀 부럽지 않은 아들이었다. 대학을 다닐 때 방학이면 교회의 청소년 그룹에서 리더를 하며 중고등부 아이들을 챙기는 믿음직한 청년이었다. 아이들이 잘 따랐고 아이들을 챙기는 것에 보람을 느꼈다.

그런데 교회에서 진행한 겨울수련회에 다녀온 아이들이 H에 대해 이야기하기 시작했다. H가 수련회에서 사람들과 자신의 이야기를 나누며 '상담 잘 받고 회복되었으면 좋겠다'라고 한 말이 화근이 된 것이다. 직접적으로 마약을 했다는 이야기를 하지 않았는데도 주위 사람들은 그의 몸이 변한 것을 두고 마약을 했을 것이라고 짐작했다. 다른 이들에게 기도해 달라고 부탁한 내용이 '마약중독 상담 잘 받고, 회복되도록 해달라', '더 이상 중독되지 않도록 힘을 달라'는 식으로 왜곡되었다.

급기야 그의 기도 제목은 온 교회를 태풍 속으로 몰아넣었다. '아이들에게 나쁜 영향을 미친다', '아이들도 문제가 생길 것이다'라는 우려의 목소리가 커지자 청소년 그룹 리더를 그만두고 '입소해서 재활치료를 받으라'는 권유 아닌 강요를 하기 시작했다. 겉으로는 걱정과 염려를 하는 척했지만 사실은 우회적인 비판과 낙인을 찍어 아이들과 거리를 두게 하려는 의도였다.

몇몇 교인들 사이에서는 H의 어머니도 알아야 되지 않느냐는 이야기가 나왔다. 그러다 누군가 교회에서 오가는 이야기를 어머니에게 전해주었다.

H의 어머니는 처음에 "어릴 때부터 우리 아들을 지켜보지 않았느냐. 그럴 아이가 아니다. 마약하는 거 직접 봤느냐. 그런 말을 어떻게 함부로 할 수 있느냐"라고 거칠게 대응했다. 인정하고 싶지 않았고 두려웠기 때문이다. 그러자 그 사람은 아들에게 직접 들은 것은 아니고 그룹별로 모여앉아 기도할 때 나온 이야기라고 했다.

아들에게 직접 물어봐야 하는 것인가? 뭐라고 이야기해야 할까? 아들이 사실대로 말할까? 어머니는 갈등에 휩싸였다. 사실이라면 어떻게 해야 할지, 사람들 얼굴을 어떻게 볼지, 생각이 꼬리에 꼬리를 물고 이어지자 가슴이 먹먹했고 뻐근하게 아파왔다.

인정하고 싶지 않은 현실

사실 아들의 모습과 행동을 보면서 마약을 했을 것 같다는 생각을 한 적도 있다. 그동안 차마 진실을 마주하기 두려워서 외면해왔다. 자신이 감당하기도 벅찼고, 믿고 의지하던 아들이 사라질 것만 같아 두려웠다. 아들이 정신과 상담을 받는다고 했을 때도 학교에서 스트레스를 많이 받는가 보다 생각했다. 주변에서 자녀들이 마약을 했다는 이야기를 들어도 나와는 상관없는 일로 여겼다.

지역 주간지에 가끔 스치듯이 보았던 단체를 찾아 전화하기까지 얼마나 망설이고 또 망설였는지 모른다. 어머니는 비밀 보장이 된다는 것을 몇 번이나 확인한 후에 방문했다. 아들이 일하면서 중독치료를 받을 수 있는지, 뉴비전청소년센터는 어떤 프로그램이 있는지, 필라델피아 지역에서 괜찮은 치료센터가 있는지 물었다. H는 부모님과 이야기를 나누고 며칠 후 센터로 왔다.

어머니와 함께 면담하고 따로 상담하는 동안 H는 적극적인 태도를 보였다. 하지만 어머니는 인정하기 어려워했고, 여전히 자신의 체면을 먼저 생각했다. 다행히 H는 목사님과의 상담에서 자신이 마약을 하게 된 이유를 털어놓았다. 스스로는 중독에서 벗어나기 힘들다는 것을 느끼고 신앙에 의지하며 회복하고 싶다는 의지를 보였다.

H는 필라델피아에서는 자신에게 마약을 권하는 친구들과 마약을 했던 장소들이 가까이에 있어서 유혹을 견디기 힘들다고 했다. 기독교 정신을 바탕으로 한인 목사님이 운영하시는 LA의 마약재활치유센터를 소개했고, 전화로 입소 가능한지를 문의한 다음 LA로 가기로 결정했다.

신실한 기독교인으로 키워온 아들이 마약에 중독된 것만큼 참담한 일도 없다. 이러한 현실을 마주한다는 것은 잔인하기 이를 데 없는 일이다. 부모 입장에서는 자녀가 성공하는 것이 마치 좋은 성적표를 받는 느낌일 것이다. 그렇기에 자녀의 실패는 곧 부모 자신의 실패로 다가온다. H의 어머니도 아들 하나 바라보고 살아온 세월이 송두리째 날아가 버리고 허탈감이 밀려들었을 것이다.

하지만 성인이라 하더라도 얼마든지 넘어지고 실수할 수 있다. 자식의 실패와 아픔을 위로하고 응원하되 자신의 실패로 여겨서는 안 된다. 부모로서 자식에 대한 걱정은 죽을 때까지 이어질 수밖에 없다. 재활치료를 위해 자발적으로 입소한다는 것은 그만큼 의지가 있다는 뜻이다. 부모는 자녀의 재활 의지를 사랑과 신뢰로 응원해야 한다.

마약을 하기 이전의 모습으로 돌아가는 것을 목표로 다그쳐서는 안 된다. 이런 경우에는 무엇보다 의사소통이 중요하다. 많은 가족들이 서로의 진심을 전달하는 데 어려움을 느끼며 마음과는 달리 감정적으로 대화하다 상처받고 결국은 대화가 단절된다. 가족 상담이나 의사소통 기술을 익혀서 대화에 어려움을 겪지 않는 것이 좋다. 자신의 감정과 의사 표현을 제대로 할 수만 있다면 가족에게 도움을 요청할 수도 있고 다른 사람과 관계를 형성할 때도 많은 도움이 된다. 무엇보다 자신의 생각과 감정을 제대로 표현한다면 스트레스를 줄일 수 있다.

부모는 자녀가 처해 있는 현실을 똑바로 바라봐야 한다. 중독에서 회복된 이후에 무엇을 할 수 있는지, 준비할 것은 무엇인지 확인해 보면 많은 것이 달라질 수 있음을 깨닫게 된다. 중독을 치료하는 과정에서 뭔가에 관심을 가지고 배우기도 하고, 재활시설을 나와서 배우고 싶은 것을 계획하기도 한다.

부모님의 기대에 못 미칠지라도 자녀를 믿고 지지해 주는 것이 좋다. 세상 사람들의 기준이 아닌 나의 아들과 딸이 하고 싶어 하는 공부나 일을 할 수 있도록 응원해 줄 때 마음을 다치지 않고 스트레스를 이기며 중독의 유혹을 줄이며 살아갈 수 있다.

대부분의 사람들은 부모가 아무리 치료를 권해도 본인이 중독을 인정하지 않기 때문에 치료를 받을 수 없다. 그에 비해 H는 스스로 치료하겠다는 의지를 보였고, 가족의 이해와 적극적인 지지가 있기에 충분히 좋은 결과를 얻을 것이다.

아이의 실수보다 더 문제는 부모의 태도

입시 스트레스가 약물로 이어지다

T와 K는 다른 친구들에게 마약을 전하다 경찰에 검거되었다. 둘은 한국 이민자 2세들이었는데, 아이들을 향한 두 부모의 태도가 많이 달랐다. 한 가정은 자식을 좋은 대학에 보내고 성공하기를 바라는 마음이 앞서 자녀의 마음을 챙기지 않았다. 그리고 다른 가정은 이민 후 힘겹게 자리 잡아가는 과정에서 미처 자녀의 학교생활을 제대로 챙기기 못했다는 미안한 마음을 가지고 자녀들을 믿고 지켜보았다.

T는 12학년으로 대학 준비를 하느라 극심한 스트레스로 힘든 시간을 보내던 중 마약 판매로 재판을 받아야 했다. 11학년에 SAT(미국 대학입학 자격시험) 시험을 시작해 12학년이 되어서도 몇 번 더 시험을 치르고 에세이를 준비해서 대학에 지원할 생각이었다.

T는 SAT 성적이 잘 나오지 않는 것에 대해서도 적지 않은 스트레스를 받았다. 여름방학 기간에 SAT 준비를 위한 학원을 다니기도 했지만 기대한 만큼 성적이 오르지 않았다.

그러자 부모님은 T를 다그치기 시작했다. "다른 아이들은 미리미리 잘 준비하는데 너는 왜 이렇게 힘들게 하니? 제발 정신 좀 차려라. 어떻게 공부하길래 성적이 이렇게 안 나오니?" 부모님이 아는 대학은 대부분 유명 대학이었고, 모르는 대학은 모두 수준 낮은 대학이라며 폄하했다.

T가 진학하고 싶은 대학을 이야기했을 때도 부모님은 무시해버렸다. 부모님은 "차라리 등록금이라도 절약하게 주립대학이나 시립대학을 가라"라는 말을 하기도 했다. T가 무슨 생각을 하는지, 무엇을 하고 싶은지 한 번도 물어본 적이 없다. 갈등은 가을 학기 내내 이어졌고 집에서 최대한 먼 대학으로 가서 부모님의 간섭을 적게 받고 학교를 다닐 날만을 손꼽아 기다렸다.

학교 공부와 부모님으로 인한 스트레스로 10학년 때 한 번씩 피우기 시작한 마리화나는 성적에 대한 압박감이 솟구칠 때마다 찾게 되었다. 그러다 점점 더 강한 마약을 하게 되었고, 마약을 친구에게 팔다가 경찰에 검거된 것이다.

부모님은 경찰서에서도 "너 때문에 부끄러워서 못 살겠다. 하다 하다 경찰서까지 오게 해?"라고 다그쳤다. 변호사를 만나는 자리에서도 "대학은 갈 수 있나요? 대학 가는 데는 지장이 없어야 합니다"라는 말만 했다. 마약중독 상담을 하러 온 자리에서도 자식의 상태보다는 대학 진학만 걱정하는 모습이 안타까웠다. 형식적인 상담 한두 번과 간단한 행동 지침, 대처할 수 있는 비법이나 처방약만 달라는 식이었다.

T는 불안감에 손톱을 뜯는 것을 멈추지 않았고, 깊은 상처를 입은 마음이 여실히 나타났다. 초점 잃은 두 눈은 충혈되어 있었고 시선을 마주하지도 못하고 아래로만 떨구고 있었다. T가 언제부터 마약을 했는지, 중독되었다면 어떤 치료를 해야 하는지부터 살펴야 하는데도 부모님은 대학 입학 준비를 하기까지 시간이 얼마 남지 않았다며 이런 상황을 만든 아들을 질책했다.

중독자 아들을 대하는 두 부류의 부모들

K는 T와 같은 학교를 다니는 친한 친구 사이였다. 두 사람은 늘 같이 다녔고 같은 대학을 들어가고 싶었다. T와는 달리 K의 부모님은 어느 대학으로 가야 한다는 부담을 주지는 않았다. 성적이 된다면 어느 대학이라도 갈 수 있겠지만 학비도 생각해야 했다. 졸업 후 학비의 상당 부분을 자신이 갚아야 할지도 모르는 형편에서 친구랑 가고 싶은 대학을 마냥 지원할 수도 없었다.

늘 바쁘고 오랜 시간 일하시는 부모님은 K의 학업을 도와줄 수도 없고 그저 대학 준비는 잘되어 가느냐는 말만 가끔 할 뿐이었다. K가 어떤 대학에 지원하려고 하는지, 얼마나 어려움이 있는지 알지 못했다. K도 부모님께 말한들 다 이해하실까 하는 생각에 간단히 이야기하는 정도였다. T처럼 부모님과 갈등은 없지만 절대적인 믿음 또한 적지 않은 부담이었다.

K가 경찰에 검거되었을 때 어머니와 아버지는 일하던 중에 정신없이 달려왔다. 아버지는 까칠한 손으로 연신 얼굴을 쓸어내렸고, 엄마는 눈물이 범벅이 된 채로 두려움에 떨고 있었다. 아들을 보고 “괜찮니, 배는 안 고프니”라며 손을 계속 어루만지며 울기만 했다. 부모님은 걱정하지 말라고 위로하고는 주변에 도움받을 곳을 찾아 여기저기 전화했다. 아들을 구하기 위해 모든 방법을 강구하는 듯했다.

자신에게 무심한 듯 보였던 부모님이 눈물 흘리며 정신없이 전화하는 모습에 K는 깊이 반성하게 되었다. 그 모습을 보며 K의 부모 또한 아들의 반성을 믿어줬다. 부모님과 K는 서로의 마음을 나누는 시간을 가졌고, 그들의 관계는 더욱 단단해졌다.

T와 K는 여전히 재판도 남았고, 대학 진학에 많은 변화도 있겠지만 두 가족의 결과는 너무나 다르다. 자녀들이 성장하는 시기에는 다양한 사건 사고가 있기 마련이다. 더러는 몰라서 무모한 행동을 하기도 하고 특별한 이유 없이 심심해서 또는 또래 친구들과 친하게 지내려다 실수하기도 한다. 훗날 지워지지 않는 큰 상처와 기록으로 남기도 하지만 많은 경우 미성년일 때 일어난 일들은 이해하고 배려한다.

정작 문제는 부모님이다. 아이들과 관련된 사건 사고를 대하는 부모님의 태도에 따라 작은 일이 큰일이 될 수도 있고, 큰일이 작은 일로 잘 마무리될 수도 있다. 배움과 교훈을 얻고 성장의 기회가 되어 자녀와 부모 간의 신뢰가 더 돈독해지기도 하지만, 평생 잊혀질 수 없는 상처와 트라우마로 남아 자녀를 일찍부터 심리적 고아로 내몰기도 한다.

가족일수록 적극적으로 개입하라

가족보다 약물에 의존한 아들

필라델피아 시내에서 멀지 않은 사립대학교 2학년에 다니는 J는 기숙사에서 마약을 팔다가 적발되어 퇴학 처분을 받았다. 경찰에 넘겨져 재판을 기다리던 중에 센터를 방문해서 도움을 요청했다. J는 상담 및 봉사 프로그램을 설명하는 동안에도 듣는 둥 마는 둥 짜증스러운 태도와 퉁명스러운 대답으로 일관했다. J의 어머니는 "돈이 들더라도 감옥에 안 가면 좋겠다", "좋은 변호사 없느냐?", "이건 자식이 아니라 웬수다" 등 쉼 없이 속내를 털어놓았다.

J의 부모님은 몇 년 전부터 따로 살고 있었다. 아버지는 아들인 J와 같이 살았고, 어머니는 혼자 살았다. 독립한 두 딸이 명절과 1년에 몇 번 엄마를 찾아와 함께 시간을 보내곤 했다. J가 고등학교 다닐 때부터 부부간에 갈등과 잦은 싸움으로 집안은 늘 냉랭한

분위기였다고 한다. 부모의 갈등이 더러 있어도 가족들 간에 서로 위로하고 이해할 줄 아는 집은 따뜻한 공간이 된다. 그러나 갈등과 싸움만 있는 집은 가장 춥고 힘든 공간이 되어 모든 가족이 밖으로만 헤매게 된다. 아버지가 일을 못하고 집에 머무는 시간이 길어지면서 어머니가 생계를 책임져야 했다. 매사에 열심히 일하는 어머니는 사업을 성공적으로 이끌어오면서 언제부터인가 아버지를 무시하기 시작했다. 두 딸도 각자 직장을 가지고 열심히 일하는 데 비해 남편과 아들이 자신의 기대에 미치지 못하는 것에 늘 불만이었다.

J는 집보다 밖으로 나돌면서 친구들과 어울리는 시간이 늘었다. 아버지와 어머니의 집을 오가며 외박을 하는 날이 많았다. 부모님은 아들이 공부를 못한 것도, 친구들과 사고를 쳐서 배상을 해야 했던 것도 상황을 이해하기보다는 서로의 탓으로 돌리며 거침없는 말들을 쏟아냈다. 친척과 지인들이 만나는 자리에서도 두 딸에 대해서는 자랑스럽게 이야기하다가도 아들에 대해서는 어떤 말도 하지 않고 부끄러워하는 부모님을 보면서 J는 어디에도 기댈 곳 없다는 생각에 불안한 마음뿐이었다.

J는 일주일에 한 번씩 상담하러 센터를 방문했고 이틀은 오후에 봉사를 하러 왔다. 말은 없었으나 짜증스러운 얼굴빛이 역력했다. 센터에서 기부받은 물건을 정리하던 J는 직원들과 시니어 봉사자들에게 자주 격려와 칭찬을 받았다. 성실하게 일을 잘한다는 말을 자주 들을 때마다 '잘한다는 말'을 여기서 처음 듣는다고 했다. 누

나들은 다 잘하는데 자신은 늘 못했다며 집에서 없어도 되는 존재라고 했다. 누나들은 장학금을 받고 학교에 다녔는데 자신은 등록금을 내고 대학을 다닌다는 이야기를 어머니가 자주 했다고 한다. 두 달간 상담을 받으며 봉사활동을 하고 재판을 받으러 갔다. 변호사는 봉사활동 내역과 상담을 열심히 받은 기록과 반성하고 있다는 내용들을 법원에 제출했다. 그때까지 마약을 전혀 하지 않았고 두 달간의 행동을 보고 선처를 받아 재판도 잘 마무리되었다.

마약 관련 재판에서는 생각보다 좋은 결과를 이끌어내서 다행이었지만 중독이 치유된 것은 아니었다. 부모님은 재판이 잘 끝났으니 이제 마약을 하지 않으리라고 막연한 희망을 가진다. 가족으로부터 위로받지 못하고 어디에서도 존재감을 인정받지 못하는 J는 낮은 자존감과 마음의 상처로 언제든 다시 마약을 찾기 쉬운 상태였다. 치료하지 않고 봉인해버린 상처 보균자, 마약을 찾을 수밖에 없는 외롭고 아픈 영혼의 소유자였다.

누구에게나 일어날 수 있는 일

우리는 사랑하는 가족이 마약에 얼마나 중독되었는지, 그 중독으로 인해 얼마나 힘든 시간을 보내고 있는지, 심각한 현실을 바로 알지 못한다. 마약으로 인한 중독은 정말 교활하게 한 가정을 서서히 파고들어서 가족 모두에게 상처를 입히고 무참히 파괴한다. 마약에 중독되면 신체적 피해가 얼마나 큰지, 가족이 얼마나 망가지는지를 모른다. 마약중독에 노출된 사람이나 마약중독에 노출되지 않은 사람들도 현재 마약중독자가 증가하는 추세라는 심각성을 깨달아야 한다. 대다수의 사람들이 가벼운 약물로 시작해서 점점 치명적인 중독으로 이어진다. 특히 나약한 영혼을 가진 사람들에게 위로하는 듯이 스며들어 결국에는 삶을 망가뜨리는 악의 본체다.

마약중독을 인정하는 가족들은 전문가를 찾아 상담하고 치료방법을 강구하며 중독에서 벗어나기 위해 모든 노력을 기울인다. 하지만 일부 부모님들은 현실을 직시하기보다는 회피하기 바쁘다. 부모의 갈등과 이혼, 경제적 이유, 자녀 양육에 있어서 강압 또는 방임, 다른 자녀와의 비교, 친구들의 압력 등 마약을 하게 된 이유를 살펴본 후 충격을 최소화하는 방법을 찾아봐야 한다. 부모에게 잘못이 있다면 지난일이라도 자녀에게 사과하고 비록 완전히 이해하지 못하더라도 상황을 설명하려고 노력해야 한다.

주 2~3회 가족이 함께 저녁을 먹는 것만으로 자녀의 문제를 많이 줄일 수 있다는 연구 결과가 있다. 함께 먹고 보내는 시간이 있어야 가족 간에 이해도 깊어진다. 한집에 사는 부모와 자녀라 하더라도 서로에 대해 잘 알지 못한다. 충분히 대화하지 않고 막연히 서로의 마음을 알아주리라 기대하기 때문이다. 가족 간의 갈등은 대부분 오해로 인한 것이므로 대화를 통해 얼마든지 풀 수 있다.

또 다른 부모들은 최선을 다해 노력했음에도 불구하고 자신의 탓으로 돌리기도 한다. 많은 부모들이 자녀가 마약에 중독되면 현실을 인정하고 받아들이기 힘들어한다. 하지만 현실을 똑바로 봐야 방법도 찾을 수 있다. 특별한 대책이 있어 한 번에 해결할 방법은 없지만, 현실을 똑바로 본다면 중독이 더 심해지거나 또 다른 문제로 이어지는 것을 줄여나갈 수 있다. 현실을 마주하기 힘들다고 피하기만 한다면 상황은 더욱 심각해질 뿐이다.

중독 치유를 위해서는 때를 놓치지 말고 "가능한 빨리, 적극적으로 개입하세요"라는 것이 가장 알맞은 말이다. 마약에 노출되고 중독되는 것이 특정인에게만 일어나는 일이 아니라 누구에게나 일어날 수 있다는 것을 잊어서는 안 된다.

가족의 중독을 나의 일처럼 받아들여라

가족 분위기에 따라 치료 방법이 달라진다

사랑하는 자녀나 배우자의 마약중독은 가족 모두의 정신뿐 아니라 경제적으로도 심각한 영향을 끼친다. 마약의 종류나 중독의 심각성과 상관없이 가족 중 한 명이 마약을 복용하고 있다는 사실을 알게 되었을 때 충격, 슬픔, 분노, 걱정, 두려움 등의 감정들이 한꺼번에 밀려와 정신적으로 몹시 힘든 상황에 처한다.

특히 사랑하는 자녀가 마약을 했다는 사실을 알았을 때 부모가 받는 충격과 배신감은 이루 말할 수 없다. 처음에는 내 아이가 마약을 했다는 사실을 이해하거나 믿으려고 하지 않는다. 분노를 못 이겨 거친 말을 쏟아내기도 한다. 자녀가 건강하게 성장해 사회의 한 구성원으로 살아가는 것을 당연하게 여겼건만 마약으로 삶이 무너지고 미래가 불투명해진다는 사실에 두려움과 절망이 찾아온다.

그런가 하면 다 자신의 잘못이라며 스스로를 책망하는 마음도 생긴다. 주위 사람들에게 비난받는 자식을 지켜보는 것도 견딜 수 없는 고통이다. 부모는 자녀의 아픔을 대신하고 어떻게 해서든 힘든 상황을 줄여주기 위해 무엇이든 하려고 든다.

하지만 마약중독자 가족들은 정작 무엇을 어떻게 도와야 할지 몰라서 헤매기 마련이다. 불쑥불쑥 솟아나는 화를 참지 못하고 상처 주는 말을 내뱉어 신뢰가 깨지면 갈등은 점점 더 커진다. 진심이 아닌 줄 알면서도 험한 말을 듣게 되면 상처받고 오해 속에 상처가 커져간다. 자녀의 중독이 심각한 경우 부모는 경제적 부담도 힘들고 치료를 받고 나와서 희망을 가졌다가 또 재중독으로 이어지는 과정을 몇 번이나 지켜봐야 하는 잔인한 시간을 보내는 경우가 많다.

상담은 부모와 자녀가 서로를 이해하고 대화하는 방법을 배우는 기회가 된다. 자녀가 마약을 하게 된 동기를 돌아보고, 마약을 찾게 되는 상황을 스스로 인지하고, 마약 중단을 위한 치료 계획을 세우고, 변화된 생활을 할 수 있는 계기를 만들어준다.

마약의 종류와 투약한 기간 그리고 금단 현상에 따라 회복 방법과 가족들이 어떻게 도울 수 있는지가 달라진다. 특정한 한 가지 방법으로 모든 마약중독자를 도울 수 있는 비책이란 없다. 다만 가족은 전문적인 상담과 치료를 받을 수 있도록 격려하면서 이끌어가는 것이다. 중독자뿐 아니라 가족도 상담을 받으면서 함께 고통에 시달린 마음과 정신을 회복하는 시간을 가지는 것이다. 중독자와 그 가족이 함께 노력할 때 중독자를 제대로 도울 수 있으며, 재중독으로 이어지는 것을 막는 데 도움을 줄 수 있다.

결핍은 가족이 채울 수 있다

가족이 함께 상담을 받으면 중독자로 인해 상처받은 마음을 위로하고 치유하는 시간을 가지게 된다. 또 중독자를 감정적이고 주관적인 시선으로 대하던 것에서 객관적인 시선으로 바라보는 여유를 가지게 된다.

가족이 함께 상담을 받으면 상담을 받는 본인과 중독자에게 도움이 된다. 그럼에도 많은 분들이 한두 번 정도 가족 상담을 받다가 그만두는 일이 다반사다. 상담을 마치고 N.A. 모임에 참석하도록 권유해도 한 번 가보고는 더 이상 참석하지 않는다. 중독자만 상담받으면 되지 가족까지 상담받을 필요 없다고 생각하는 사람들도 많다.

대부분의 마약 중독자 가족은 상담과 회복 모임에 한두 번 다녀온 것만으로 다 안다거나, 회복 모임에 나오는 다른 가족의 사례와는 다르기 때문에 그곳에서 해결할 수 없다고 생각하며 중단하기도 한다. 불안한 마음이 있으면서도 자녀의 결심을 믿었다가 실패를 지켜보거나, 가족끼리 해결하려다 실패하고 분노와 좌절로 더 큰 상처에 휩쓸린다.

초기 중독에서 점점 중증으로 이어진 경우라면 가족이 알고 있는 상식으로 도와서 해결하기 힘들다. 상담만으로는 치료되지 않고 약물 치료를 병행해야 하기 때문에 병원 입원이 필요하다. 중독자는 중독 상태를 정확히 진단받고, 가족 상담은 자녀가 중독치료를 받는 동안 계속되어야 한다. 중독자 가족의 상담과 회복 모임에서 비슷한 사례를 겪으며 치료받는 가정의 지지와 격려를 통해 계속된 실패로 인한 좌절감과 무기력감을 줄이고 다시 용기를 얻게 된다.

중독 회복 기관을 통해 가족이 함께 상담을 계속해나갈 때 중독 문제를 어떻게 대처할 것인지를 알고 다시 유혹을 줄이고, 재중독이 되지 않도록 매일매일 자신을 살피며 회복을 꾸준히 이어갈 수 있다. 회복 기관을 통해 마약의 종류와 심각성, 진행 과정 등을 이해한다면 회복하는 데 소비하는 시간을 줄일 수 있을 뿐만 아니라 두려움도 덜게 된다. 마약중독은 특히 가족들에게 심리적으로 깊은 상처를 남기고, 치료받는 동안 경제적으로도 큰 피해를 남기므로 중독자와 가족 구성원 모두 상담을 통해 회복되어야 한다.

사람들은 중독자가 전문적인 치료를 받고 다시 건강하게 일상생활을 할 수 있을지에 대한 의문이 많다. 분명한 것은 회복하겠다는 자신의 의지와 전문가의 지도하에 치료 및 재활 프로그램에 참가하고 가족의 지지를 받는다면 성공률이 높다는 것이다. 많은 현장의 치료 전문인들도 중독자를 포함한 가족 전체가 전문가의 상담을 받으면서 동시에 자조 집단에 속해 있을 경우에 가장 효과적이라고 말한다.

마약중독자 자신이 마약 복용을 인정하고 치료하겠다는 의지를 가지는 것만큼이나 중요한 것이 가족의 협조다. 가족들의 지속적인 이해와 따뜻한 응원을 받으면 중독자는 회복하려는 의지가 더 강해지고, 적극적인 태도로 인해 중독에서 벗어날 확률도 높아진다. 가족의 지원이 없다면 중독에서 회복되어야 하는 이유도 찾지 못하고, 가벼운 유혹에도 번번이 굴복하고 점점 더 이겨내기가 어려울 것이다. 가족 내에서 인정받지 못한 심리적 결핍에서 시작된 중독이라면 특히 가족의 지지와 응원이 더 중요하다.

희망을 잃어버린 청춘

푸드스탬프로 살아가는 23세의 청년

미국에서 새 학기가 시작되는 9월 첫 주에 학교 대신 중독치료센터에 입소하게 된 17세의 청소년이 있었다. 센터에 입소하는 다른 청소년들과 달리 그는 목소리도 밝고 꾸밈없는 태도가 인상적이었다. 그를 보면서 밝은 이면에 가려진 아픈 상처와 힘들게 지나온 시간들을 알아내기까지 오래 걸리지 않았으면 했다.

입소를 위해 서류 작업이 끝나고도 이런저런 이야기를 계속했다. 지난밤 잠자는 데 불편하지는 않았는지, 아침은 먹었는지 묻자 그가 말했다. "다 좋아요. 센터도 좋고, 목사님도 좋아요. 엄마랑 중부에서 살다가 얼마 전에 필라델피아로 왔어요. 형은 아직도 그곳에 살아요. 나는 엄마랑 같이 있었어요. 지금은 또 집을 옮겼고, 나는 센터에 왔어요." 이런 이야기를 하는 동안에도 긴장감이나 속상함, 슬픈 감정을 전혀 내비치지 않아 의아했다. 미국에서 태어났는데도 한국말을 잘했다. 무슨 사연이 있기에 이렇게 좋은 나이에 학교가 아닌 센터에 입소하게 된 걸까?

그는 이야기를 한 보따리 풀어내더니 센터 앞마당 의자에 앉아 센터 건너편 피자집 손님과 오가는 차량을 바라보며 혼잣말을 했다. 일상생활에서 P는 아주 사소한 것까지 자주 고마움을 표현했다. 식사나 간식을 준비할 때와 먹고 난 뒤에도 스스로 나서서 정리와 설거지를 도왔다. 봉사에 참여하신 분들과 선생님들에게 사랑받는 것은 당연했다. 그런 모습을 보면 기특한 한편으로 눈치를 보는 건가 싶어 안쓰러운 생각도 들었다. 17세 또래 아이들의 태도와는 많이 달랐던 것이다. 부모님과 선생님 그리고 어른들의 애정 어린 보살핌을 조금만 받았더라면 평범한 삶을 살았을 텐데 말이다.

P가 10세였을 때 같은 반에 다니는 노랑 머리 여자아이의 통통한 엉덩이를 보고는 그저 충동적으로 눌러봤다고 한다. P의 행동은 담임선생님에게 알려졌고 얼마 후 학교 측은 어린아이의 호기심을 성적 문제로 확대해버렸다. 학교에서 부모님을 호출했지만 방문하지 않았는데, 생계와 언어적인 불편함 때문이었던 듯하다. 이후 P는 학교 결석이 잦았고 문제아로 찍히면서 점점 부적응 학생으로 분류되었다. 학교나 집 어디에서도 환영받지 못하고 거리로 내몰린 것이다.

거리에서 만난 또래 아이들이나 형들과 어울리며 일찍 담배를 배우고 마리화나도 했다. 심부름으로 용돈도 벌었다고 한다. 3년 전 학교 부적응과 마리화나를 하다가 걸려서 정학 처분을 받고 센터에서 한 달간 상담을 받으며 지내다가 다시 집으로 돌아갔다. 학교에서 진도를 따라가지 못했고 몇 번의 이사와 결석으로 9학년을 제대로 마치지 못한 채로 학업을 중단했다.

엄마가 새아버지 집으로 들어간 지 두 달이 채 안 되어 P가 마약을 하고 싸움에 휘말렸다. 새아버지가 번번이 문제를 일으키는 P와는 같이 못산다고 하자 엄마는 아들이 머물 곳을 찾다가 몇 년 전 상담받았던 이곳으로 오게 되었다.

아이가 마리화나를 하다가 싸움에 휘말렸다고 집에서 쫓아내는 부모는 흔치 않다. 학교 공부 잘하고 제 앞가림을 잘해도 조심스럽고 잘 지내기가 쉽지 않은 의붓아들이 마약으로 애를 먹이니 같이 살지 못하겠다고 하는 것도 이해는 되지만 너무 안타까웠다.

사회의 관심을 받지 못하는 20대

이런 사연으로 센터에 들어온 P는 이번에는 반드시 중독을 치료하고 중등과정을 이수하는 것이 목표였다. P의 일과는 오전에 상담과 성경 공부, 오후에 중학교 과정을 마치는 GED(미국의 검정고시) 공부와 센터 일(중고숍 물건 픽업과 정리)을 하는 것이었다. 아침에는 깨워야 일어나는 날이 잦았고 매일 조금씩 늦었다. 그래도 오전 상담과 성경 공부는 제대로 참가했다. 자신의 행동을 반성하고 목표(단약과 중등과정 이후)를 이루겠다는 각오도 남달랐다. 그의 강한 의지를 보면 말로만 하는 것이 아님을 알 수 있었다.

보통 길면 한 달, 짧으면 2주 후면 감사하는 마음도 사라지고 이전의 생활 모습이 나온다. 그러다 보면 불평이 시작되면서 한 달이 지나지 않아 또 거처를 옮기게 된다. P도 마찬가지였다. 그렇게 센터 입소와 퇴소를 네댓 번 하는 동안 P는 21세가 되었지만 그의 최종 학력은 8학년 이수였다.

기초학력을 쌓지 못하기도 했지만 마약으로 인해 학습을 많이 어려워했다. 영어 문장을 쓰거나 읽고 해석하는 능력은 초등학교 저학년 수준이었고 학습 지도 후 질문을 해보면 대부분 이해하지 못하고 있었다. 학습 진도가 나갈 수 없는 상태였다. 영어와 한국말은 하지만 문장을 쓰거나 해석하지는 못했다. GED 과정을 계속하는 것은 사실상 어려웠고 봉사자들은 자주 바뀌고 학습은 중단되었다. 사실상 4학년 정도의 학습 수준이었다. 그의 이해 수준으로 사회에서 할 수 있는 일은 거의 단순한 일뿐이었다. 그마저도 꾸준히 하지 못하고 자주 그만두어 일자리를 알아보는 것도 점점 힘들었다.

봄부터 가을까지는 연락이 끊겼다가도 겨울이면 다시 연락이 와서 갈 곳이 없음을 호소했다. 뉴비전청소년센터는 매년 겨울 군고구마를 판매하면서 '마약중독 예방 캠페인'을 진행했다. P는 씩씩하게 때로는 살갑게 인사하며 겨울 2~3개월 동안 번 돈을 조금 모으면 새로운 룸메이트를 찾아서 나가거나 엄마가 있는 곳으로 거처를 옮겼다. 그리고 한두 달 지나면 일하지 않고 지낸다며 일상을 전해왔다. 마약에 취해서 큰 사고가 일어나는 일은 없었지만 자잘한 사고는 계속되었다. 가끔씩 하루 이틀 일하고 돈이 떨어질 때까지 집에 머문다고 했다.

23세가 되던 해에도 P는 이렇다 할 일을 찾지 못해서 잠잘 곳과 생계가 힘들었는지 푸드스탬프(저소득층, 장애인, 노약자에게 지급되는 식품 구입 지원비)를 신청한다고 했다. 겉으로 보기에는 건장한 23세 청년이 푸드스탬프를 신청한다니 참 가슴 아프고 슬픈 일이었다. 이렇게 젊은 나이에 사회복지센터의 지원을 받는다면, 일평생을 정부 지원을 받게 될 가능성이 크다.

23세라고 푸드스탬프를 신청하면 안 된다는 것이 아니다. 우리 사회가 조금씩 무관심으로 멀리하고 보살피지 못해서 23세 청년이 스스로 자기 삶을 살아갈 기술을 익히고 독립적으로 살아갈 학습 기회를 놓치고 정부 지원에 기대어 살아가는 현실이 안타까울 뿐이다.

4장

약물, 많이 알수록 멀리할 수 있다

중독을 일으키는 약물들

우리에게 너무나 익숙한 약물

어떤 것을 마약으로 분류하는가

마약은 전 세계적으로 대부분 금지된 물질로 정의와 규정, 기준 등이 나라마다 다르다. 세계보건기구(WHO)에서는 마약을 '중독성, 내성, 금단 증상이 생기며 개인에게 한정되지 않고 사회에 해를 끼치는지 물질'이라고 규정하고 있다.

마약중독이란 '마약이 부정적이고 위해한 결과를 가져온다는 것을 알면서도 마약을 사용하고 강박적인 약물을 갈망하고 지속적으로 사용하도록 만드는 뇌의 구조와 기능이 변화되는 만성적 뇌질환'이다(보건복지부 국립부곡병원). 마약을 하고자 하는 정신적, 신체적 욕구가 생기고 이것을 스스로 억제하는 것이 곤란한 상태, 즉 정신적 신체적 의존 상태를 말한다.

미국마약중독의사회에서 규정한 중독은 '약물 사용에 대한 강박적 집착과 일단 사용하기 시작하면 조절이 불가능하고 해로운 결과가 있을 줄 알면서도 강박적으로 사용하는 상태를 말하며 심한 심리적 육체적 의존 상태'라고 정의한다. 미국에서는 마약뿐만 아니라 처방받은 약에 중독되는 것까지 포함하고 있다.

마약은 여러 가지 은어로 불리는데 아래의 은어 이외에도 다양하게 불릴 것이라고 생각된다.

- 마리화나(대마초): Peed, Pot, Mary, Jane, Bud, Ganja, Grass, Herb, Hash, Boom, Trees, Hemp
- 코카인: Coke, Flake, Snow, White, Toot, Base, Basa Powder, Dust, Big Rush, Perarl, C, Candy, Nose Candy, Baseball, Bump, Line, Rail, Stash, Yego
- 헤로인(디아세틸모르핀): 양귀비, Dope, Smack, Junk, H, Skag, Snow, Horse, China White, Braown, Beast, Hero
- 엑스터시(Extasy): '황홀경'이라는 뜻으로 클럽에서 가장 흔히 사용된다고 해서 클럽 마약으로 불린다. Edm(일렉트릭 댄스 뮤직) 페스티벌과 파티에서 가장 많이 사용하는 약물이다. 도리도리, 아담, Love Drug 등으로 불린다.
- 코카인과 또 다른 약물 두 가지 이상을 섞은 마약을 부르는 은어: Boy-Girl, Candy Flipping, Cocoa Puffs, Flamethrowers, Spaceball, Speedball, Woo-Woo, Woolies

마약을 투약하는 방법은 담배처럼 말아서 피우는 마리화나와 분말 형태의 마약을 코로 흡입, 직장 투여 그리고 경구 복용 등이 있다. 주사는 정맥혈관주사, 근육주사, 피하주사 등이 있다. 그 외에도 처방받아서 복용하는 약(각성제, 진통제, 진정제)도 마약과 같이 중독의 위험에 노출되어 있으며 부작용으로 몸이 망가지기도 한다.

공부 잘하는 약은 문제없을까

미국과 한국에서 처방받아 구입하는 수면제로 졸피뎀, 졸피신, 졸피람, 스틸녹스 등이 있다. 수면 전문가들은 수면제에도 내성이 생기고 만성 불면증으로 장기간 복용하면 중독되어 중단했을 때 금단 현상이 나타난다고 한다. 신체 증상으로는 기억상실, 두통, 오심, 환각(항우울제와 함께 복용 시), 수면운전, 근육통, 설사, 두통, 졸음, 어지러움, 구토, 건망증, 호흡기 손상, 치명적인 의식 손상 등이 있다. 금단 현상으로 안절부절하는 것, 불면, 불안, 경련이 일어나고 심할 경우 사망에 이르기도 한다.

마취제는 전신 마취 유도 및 유지, 수면내시경, 인공호흡기 사용 환자를 진정시키는 데 사용된다. 한국에서는 우유주사로 많이 알려져 있으며 피로 회복과 깊은 수면을 위해 찾는 사람들이 늘어나고 있다. 국립과학수사연구원에 따르면 마취제도 오남용으로 중독되는 경우가 많고 사망에 이르는 사례도 해마다 늘어나고 있다고 한다. 마취제는 간단하게 투여하고 효과도 빨리 나타지만 사

분류	종류	약리작용 (흥분/억제)	의약 용도	사용 방법	부작용	작용 시간
마약	아편	억제	진정·진통	경구, 주사	도취감, 신체조정력 상실, 사망	3~6
	모르핀	억제	진정·진통	경구, 주사		
	헤로인	억제	진정·진통	경구, 주사		
	코카인	흥분	국소마취	주사, 코흡입	흥분, 정신 혼동, 사망	2
	메타돈	억제	진정·진통	경구, 주사	아편과 동일	12~24
	염산페티딘	억제	진정·진통	주사	아편과 동일	3~6
향 정신성 의약품	메트 암페타민	흥분	식욕억제	경구, 주사, 코흡입	환시, 환청, 피해망상, 사망	12~34
	바르비탈류	억제	진정·수면	경구, 주사	취한 행동, 뇌손상, 호흡기 장애, 감각 상실	1~6
	벤조 디아제핀류	억제	신경안정	경구, 주사	취한 행동, 뇌손상, 호흡기 장애, 감각 상실	4~8
	LSD	환각	없음	경구, 주사	환각, 환청, 환시	8~12
	날부핀	억제	진정·진통	주사	정신 불안, 호흡 곤란, 언어 장애	3~6
	덱스트로 메토르판, 카리소프로돌	억제	진해거담	경구	취한 행동, 환각, 환청	5~6
	펜플루라민	환각	식욕 억제	경구	심장판막질환, 정신분열	6~8
	케타민	억제	동물마취	경구, 주사, 흡연	맥박·혈압상승, 호흡장애, 심장마비	1~6
대마	대마	환각	없음	경구, 흡연	도취감, 약한 환각	2~4

출처: 〈2021 마약류 범죄백서〉, 대검찰청 반부패 강력부, 2022.

망에 이를 만큼 위험할 뿐 아니라 여러 가지 부작용이 이어진다. 신체에 일어나는 부작용으로는 졸림, 발작, 무호흡, 저혈압, 두통, 어지러움, 복부 및 기관지 경련, 구토, 흥분, 착란, 강한 진정 작용과 의식 소실, 역행성 건강증, 급격한 저혈압 등이 있다.

ADHD와 수면 발작, 경증 우울증 치료제인 일명 공부 잘하는 약으로 불리는 리탈린(Ritalin), 콘서타(Concerta), 메타데이트(Metadate) 등은 집중력을 높이는 효과로 인해 수험생 등이 처방 목적과 달리 오남용하고 있다. 일시적으로는 각성제로 작용해 오랜 시간 깨어 있어도 피곤하지 않지만 부작용이 더 크게 나타난다. 신체에 나타나는 부작용으로는 신경과민, 불면, 과민증(피부발진, 두드러기, 발열, 박탈성 피부염), 식욕부진, 어지러움, 두근거림, 두통, 졸음, 혈압과 맥박 상승, 협심증, 복통 등이 있다. 장기간 투여했을 때는 정신분열증과 유사한 정신이상과 분노, 편집증, 심장 이상 등이 나타나며, 금단 현상으로 우울, 피로감, 수면장애가 일어난다고 전문가들은 말한다.

이러한 마약류를 규제하는 국내 법으로 식품의약품안전처의 「마약류 관리에 관한 법률」(이전 「마약법·대마관리법·향정신성의약품관리법」을 하나로 통합한 법률) 및 「마약류 불법거래 방지에 관한 특례법」, 「형법」, 「특정범죄 가중처벌 등에 관한 법률」 등이 있다.

구분	법규	행위	처벌 조항	형량
마약류	마약류 관리에 관한 법률	제3조 일반 행위의 금지 등	제8장 벌칙 제58조~제69조	무기 또는 5년 이상 징역 등
	마약류 불법거래 방지에 관한 특례법	업으로서 한 불법수익, 불법수익의 은닉·가장, 불법수익의 수수, 마약류 물품의 수입, 선동 등	제3장 벌칙 제6조~제18조	사형, 무기 또는 10년 이상 징역 등 (벌금 병과)
	형법	아편 등의 제조, 아편 흡식기의 제조, 세관공무원의 아편 등의 수입, 아편 흡식 및 동 장소 제공 등	제17장 아편에 관한 죄 제198조~제206조	10년 이하 징역 등
	특정범죄 가중처벌 등에 관한 법률	마약류관리에관한법률 제58조 제1항 제1호~제4호, 제6호, 제7호에 규정된 죄 또는 그 미수죄, 제59조 제1항~제3항, 제60조에 규정된 죄	제11조 마약사범 등의 가중처벌	무기 또는 10년 이상 징역 등
환각물질	화학물질관리법	화학물질관리법 제22조 위반 환각물질 섭취·흡입·소지 또는 판매·제공	제59조 6호, 제22조	3년 이하 징역 또는 5천만 원 이하 벌금 등

출처: 〈2021 마약류 범죄백서〉, 대검찰청 반부패 강력부, 2022.

〈참고〉

- 「마약류 관리에 관한 법률」 제1장 제1조, 제2조, 식품의약품안전처
- 보건복지부 국립부곡병원, http://bgnmh.go.kr/checkmehealme/bbs/bbsView.xx?catNo=15&idx=101
- 대한임상건강증진학회, https://www.healthpro.or.kr/health/index.php?cat=6
- 1000see, '약물중독, 약물 오남용 자가진단, 마약중독', https://bhan.tistory.com/265

빨리 치료할수록 빨리 벗어난다

7년간의 중독, 스스로를 돌보지 못하는 30대

32세의 남성 J는 오랜 마약중독으로 인해 스스로 판단하고 계획하는 일은 거의 하지 못한다. 사람들과의 관계에도 어려움이 있어서 거의 외출을 하지 않는다. 아버지가 쓰러지고 난 후 어머니는 아버지를 돌보며 가정을 이끌어야 하는 상황에서 한참 성장기에 있는 아들은 부모님의 보살핌을 받지 못한 채 청소년기를 보냈다. 부모님은 아들에게 무슨 일이 있었는지 알지 못했다.

아들은 일하는 어머니를 대신해 아픈 아버지의 간병을 도왔는데, 힘들고 답답할 때면 친구들과 어울려 고민을 나누며 마리화나를 피웠다. 그런 시간이 7년이나 지속되었고, 어머니는 아버지 간병과 생계를 책임지느라 집안일과 아들에게는 점점 소홀했고, 그 사이 J는 점점 중독되어 갔다. 아버지가 돌아가시고 난 뒤 어머니는 그때 비로소 아들의 상황을 자세히 볼 수 있었다.

아들이 이상하다고 느끼면서도 아픈 남편의 간병을 위해서는 아들의 손길이 필요했기에 어쩌면 알고도 그저 심각한 것이 아니기를 바라는 마음으로 외면했는지도 모른다. 하지만 아픈 환자도 중요하지만 청소년기 아들도 챙겼어야 했다. 마약중독은 빨리 치료하지 않고 미루다 시기를 놓치면 점점 더 심각하게 중독되고 신체적으로 치명적인 손상을 일으켜 회복하는 데 더 많은 시간이 걸리거나 어려워진다.

마리화나를 하다가 더 강한 마약에 중독되지 않도록 상담과 치료를 해야 했다. 7년이 지난 후 심각성을 알고 상담과 치료를 시작하려 했을 때는 중증의 우울증과 무기력증으로 인해 어떤 것도 할 수 없는 상태였고, 집 안에서 게임하는 것 외에 어떠한 욕구나 의욕도 없는 상태였다.

J는 홀로 살아갈 능력을 키우지 못한 채 서른 살이 넘었다. 어머니는 은퇴할 나이가 가까워오자 점점 걱정이 늘어났다. 아들이 혼자 살아갈 수 있도록 여러 곳에 일자리를 부탁해 간단한 일을 하기도 했지만 한두 달이 지나면 그만두기를 반복했다. 직업훈련원에 등록해서 기술을 배우려고 했으나 그마저도 과정을 마치지 못하고 중도에 포기했다. 직업 재활 프로그램에 참여하게 되었을 때도 홀로 운전하지 못하고 버스를 타고 올 의지도 없어서 그마저도 중단했다.

J는 뉴비전청소년센터에서 운영하는 중고물품 수집과 판매하

는 업무를 시작했다. 어머니가 자신의 출근 시간과 퇴근 시간에 맞춰서 아들을 출퇴근시켰다. 일주일에 12시간, 하루에 6시간씩 이틀을 출근해서 청소와 단순한 정리정돈을 하는 업무였다. J는 주문받은 일을 마치면 그냥 그 자리에 멈춰 서 있었다. 모르는 것을 묻거나 스스로 판단해서 행동할 수 있는 상태가 아니었다.

32세 성인인 J에게 기대하는 사회성이나 업무 능력은 초등학교만 졸업해도 되는 단순한 수준이었다. 혼자 살아갈 수 있을 만큼 돈을 벌 수도 없고, 스스로를 돌볼 능력도 없는 J는 평생 부모의 지원을 받으며 생활할 수밖에 없었다. 무엇보다 안타까운 점은 본인은 마약중독을 치료할 의지가 없고, 부모는 엄하게 치료를 강요하지도 못한다는 것이었다. 그러다 보니 며칠 중단했다가 또 약을 찾는 일이 계속 반복되었다. 이러한 상황이 지속되는 한 부모는 불안과 걱정으로 살아갈 수밖에 없었다.

늦출수록 더욱 늘어나는 손실

마리화나를 시작했을 때 약물의 위험을 알고 빠른 상담과 치료를 한다면 더 큰 위험을 줄일 수도 있고 많은 기회를 잃지도 않게 된다. 마약중독은 빨리 치료할수록 좋은데, 그 이유에 대해 살펴보자.

가족의 신뢰를 회복하고 가족이 상처받고 흩어지지 않게 된다

건강한 생활을 영위할 수 있기 때문에 자녀의 성장을 돕고 지원하게 된다. 중증의 마약중독으로 이어진 후에는 치료를 시작하더라도 재활훈련을 받는 과정에서 수없이 많은 좌절과 재중독으로 이어지는 사례가 비일비재하다. 그 힘든 과정을 거치지 않고 가족의 상처를 최소화하며 한 가정이 무너지지 않으려면 하루라도 빨리 치유해야 한다.

건강하고 정상적인 성인으로 살아갈 수 있다

마약 투약 기간이 길어지면 뇌 손상, 우울증, 환각증, 심장질환, 신부전 등 몸속 철분의 부족으로 이가 부러지거나 빠지는 현상까지 나타난다. 약해진 면역으로 인해 잦은 감기와 다른 질병에 걸리기 쉽고 여러 가지 합병증이 발생한다. 마약을 투약한 기간이 짧을수록 회복이 빨라진다. 마약 성분에 의존했던 마음과 정신을 다른 곳으로 돌려서 즐거움을 찾을 수 있다. 건강한 정신과 육체로 회복되면 일을 할 수도 있고, 직장을 가지고 독립해서 스스로의 힘으로 살아가게 된다.

경제적 이익을 가져온다

직접적인 수입과 지출 외에도 얻게 되는 경제적 이익이 있다. 마약중독을 미리 치료한다면 재활치료 비용을 줄이고, 학업 중단이나 직장을 그만두는 위험도 줄어든다. 장기간 마약을 투약한 경우 재중독과 재활센터를 오가는 과정에서 많은 비용을 지출한다. 빨리 치료하지 못하면 직장을 그만두어야 하는 상황이 생기고 생계의 어려움으로 이어진다.

사회적 비용 절감을 가져온다

건강한 성인은 국가가 최저생계비를 제공하지 않아도 살아갈 수 있기 때문에 그만큼 사회복지 비용이 들지 않는다. 미국의 경우 사회보장제도에서 지급하는 경비를 최저로 잡아도 600달러와 식품 구매 쿠폰 60달러, 의료보험비 500달러에 주택지원비가 추가될 수 있다. 이러한 비용은 한두 해만 지급되는 것이 아니다. 최저생활자 또는 중독으로 인한 장애로 인정받으면 평생을 국가가 책임지고 지원해준다.

마약에 중독된 자녀와 가족이 치유할 시기를 놓치면 너무나 큰 손실을 초래한다. 매일매일 성장하는 자녀를 보면서 기쁨과 축하를 나눌 수도 없다. 부모의 수고와 헌신에 대한 위로와 감사하는 마음을 받지도 못한다. 자녀의 결혼과 손자 손녀의 탄생으로 가족이 번성해 가는 것을 보기도 어렵다. 점점 약해지는 건강과 가족 간의 신뢰로 가족이 붕괴되고 저마다 외로운 생활을 하게 된다.

경제적 부담과 자녀의 마약중독 치료를 고통스럽게 지켜보면서도 다시 응원하고 지지하는 것은 사랑하는 사람을 지키고 더불어 살아가기 위해 가치 있는 일이다. 먹고사는 막중한 일과 버거운 현실에서 위기에 처한 자녀를 돌아볼 여유가 없을지도 모른다. 하지만 마약중독은 시기를 놓치면 더 큰 문제로 이어지는 무서운 질병이라는 것을 인식하고 힘겨운 중에도 시간을 내서 살펴야 한다.

혼자 이겨내기에는 너무 무거운 질병

성공한 금융맨 아들의 몰락

전화기 너머로 나이 드신 어르신의 깊은 한숨과 함께 거의 울음이 배어 나오는 목소리가 전해졌다. 지난 이틀간 또 마약을 한 아들은 이성을 잃고 한바탕 난동을 피웠다. 그런 아들을 보며 노년의 부부가 할 수 있는 일이란 도망치듯 그 자리를 피하는 것뿐이라고 했다. 마약을 하는 성인 아들에게 부모가 무엇을 해줄 수 있는지, 어떻게 해결해 나가야 하는지 막막하기만 했다.

아들은 약기운이 떨어지면 미안하다며 용서를 구하고 다시는 그러지 않겠다고, 이전의 착한 아들이 되겠다고 맹세한다. 부모 앞에서 빌며 약속하는 아들의 말을 믿고 지켜보지만 사실은 아들이 무섭다고 했다. 집 안에 있는 물건을 부수고 부모를 폭행한 것으로 경찰에 신고하면 아들은 어떻게 되는 걸까?

아들은 일류 대학을 졸업하고 맨해튼에서 금융맨으로 승승장구했다. 그가 아이비리그 대학을 입학했을 때만 해도 자식 농사 잘 지은 부모로 부러움을 샀다. 대학을 졸업하고 맨해튼의 유명 금융회사에 들어가서 돈도 많이 벌기 시작했을 때는 모든 것을 다 이룬 듯 더 이상 바랄 게 없었다. 가끔 아들이 해주는 선물과 용돈은 친구들과 이웃들에게 자랑거리였다. 그야말로 사회적으로도 성공하고 경제적으로도 든든한 아들이었다.

그러나 몇 년이 채 되지 않아 아들은 과중한 업무량과 실적에 대한 스트레스 때문인지 금요일 밤부터 주말마다 파티를 즐기며 술과 마약을 했다. 힘들 때마다 마약과 술에 기대어 몸과 마음을 달랬지만 일은 점점 더 힘들 뿐이었다. 견딜 수 없어서 작은 회사로 옮겼지만 그마저도 얼마 버티지 못하고 그만두었다.

그렇게 뉴욕의 맨해튼에서 잘나가는 아들이 이상하게 변했고 한동안 연락도 되지 않았다. 아들이 걱정되어 한달음에 달려온 노부부는 아들의 모습을 보는 순간 자신들의 집으로 데려올 수밖에 없었다. 아들은 단순히 몸이 아픈 것이 아니라 정신적으로 온전하지 않은 상태였다. 공부 잘하고 사회적으로도 성공한 아들의 모습은 온데간데없었다. 뒤죽박죽 엉킨 머리와 듬성듬성 자란 수염, 쓰레기와 널브러진 옷가지들이 뒤엉킨 집 안까지 모든 것이 정상이 아니었다.

치열한 삶을 약물로 위로하다

일흔이 넘은 부모님은 처참하게 망가진 아들을 위해 무엇부터 해야 할지 막막한 나머지 집으로 데리고 왔지만 마약에 상당히 중독되어 있는 아들을 위해 할 수 있는 일은 없었다. 그렇게 몇달을 보내고 나서야 뉴비전청소년센터로 연락을 했다. 센터로 방문할 것을 권했지만 소문이 날 것을 우려하며 자신의 집을 방문해 달라고 간곡히 요청했다. 몸과 정신이 병든 아들을 위해 온 마음을 다하면서도 주변의 시선을 의식해 점점 외출도 줄이며 집에만 머물러 있었다.

그들의 집을 방문했을 때 어머니가 맞아주셨다. 아들은 자기 방에 틀어박혀 방문을 걸어 잠그고 있었고, 아버지는 외출하고 안 계셨다. 아버지는 젊은 시절 직업군인으로 평생 엄격하고 완고하게 살아오신 분이었다. 그러한 삶의 태도는 고스란히 아들에게도 전해졌다. 아버지의 엄격하고 권위적인 태도로 인해 어머니 또한 다른 의견을 내지도 못하고 순종하며 살았다.

아들은 열심히 공부해서 좋은 대학에 진학하는 것으로 아버지의 기대를 충족했다. 치열한 경쟁 속에서 몸과 마음은 지쳐갔지만 부모님에게 성공한 모습만 보여드렸다. 일이 잘 풀리지 않아 불안하고 스트레스가 쌓여도 부모에게 털어놓을 수 없었다. 나약한 모습을 누구에게도 보이고 싶지 않았던 아들은 혼자 이겨내기 위해 술과 마약에 의지했다. 직장에서 실패하고 점점 밀려나는 자신의 모습을 스스로도 인정하기 힘들 뿐 아니라 가족이 크게 실망할 것을 생각하면 더욱 견디기 힘들었다.

어머니에게는 아들이 어느 정도 정신이 돌아오면 스스로 중독을 인정하고 치료를 시작할 수 있도록 설득해 보라고 이야기했다. 그리고 몇 번을 더 방문할 때마다 아버지는 피하는 듯 외출하고 없었다. 아들은 한 번씩 마약을 하고 나면 집 안의 물건을 깨부술 정도로 난폭하게 굴어서 부모님은 점점 더 불안했다. 한바탕 소동이 있을 때마다 부모님은 센터에 도움을 요청하고 방문하는 일이 반복되었다.

어머니는 마약에 중독된 아들을 지켜보는 것도 끔찍하고, 노년의 삶이 없어진 상황이 너무나 고통스럽다고 했다. 어떤 이들이 차라리 아들을 집에서 내보내면 하루 이틀 거리를 전전하다 정부에서 운영하는 마약치료 센터로 갈 거라고 했다며 그게 사실이냐고 묻기도 했다. 매일 아침 눈뜨는 것이 지옥 같아 때로는 아들이 저렇게 살아가느니 차라리 죽는 것이 낫겠다는 생각도 한다는 것이다. 그러나 중독된 아들을 두고 먼저 떠날 수도 없다고 했다. 어떤 치유나 대책도 없이 점점 악화되는 상황에 점점 무력감을 느낀 어머니는 식욕도 줄어들고 수면장애와 우울증까지 앓고 있었다.

주변의 지인들과 친구들도 만남을 회피하면서 인간관계도 서서히 끊어지고 있었다. 아들의 삶뿐 아니라 자신들의 삶도 파괴되고 있음을 느꼈다. 부모님은 몇십 년을 살아온 삶의 울타리가 하나둘 무너지고 있다고 생각했다. 더 이상 이 지역에서 살 수 없고, 희망이라고는 어디에서도 찾아볼 수 없다고 하소연했다.

그러다 방문하기로 한 날 연락이 되지 않아 집에 가보니 가구 몇 개만 남겨진 채 온 가족이 사라지고 없었다. 아들도 치유하고 부모님도 상담을 받아서 남은 노년의 삶이 조금은 편해졌으면 하는 바람이었는데, 그렇지 않아도 우울한 노년의 삶이 더 무겁게 내려앉는 것이 아닐까? 그 가족은 중독된 아들을 데리고 치유를 위해 떠났다고 생각하고 싶었다.

혼자 이겨내겠다는 것이 문제를 더 키운다

집 안의 물건을 파손하거나 파는 일이 잦고, 누군가 자기를 잡으러 온다는 망상까지 일으키는 정도라면 중독이 심각한 상태로 정신치료까지 동반되어야 한다. 중증의 중독자를 어떻게 해야 하는지도 모르고, 지원 센터의 도움을 받지도 않은 상태에서 노부부는 일상생활을 하기 힘들었을 것이다. 적절한 지원과 치료는 생각하지도 못하고 아들의 폭력적인 행동을 피하며 하루하루를 버틸 뿐이었다.

부모는 점점 고령화되고 아들의 중독 증세는 점점 더 심해지는 상황에서 신체적으로나 정서적으로 안전한 생활이 가능하도록 계획을 세워야 한다. 현재의 상태가 지속된다면 점점 더 힘겨운 생활이 가중될 뿐이다.

먼저 중독자 가족을 위한 상담을 받고 중독자를 돕는 가족 모임의 도움을 받아 최소한의 위협을 줄이고 극단적인 상황이 발생하지 않도록 해야 한다.

가정에서 한계를 느낀다면 경찰에 신고하고 공공의 서비스를 받을 수 있도록 요청한다. 폭행하는 자녀에게 접근금지 명령을 할 수 있으며, 경찰의 입회하에 임시로 거처할 수 있는 셸터(Shelter)나 정부 지원 치료 센터에 입소할 수 있다. 부모는 위협에서 벗어나고, 중독자는 전문적인 치료를 시작하는 것이다.

성인의 경우 셸터나 무료 치료 센터에 입소하지 않겠다고 버틴다면 강제할 수는 없다. 그런데 가족들에게 폭행을 행사해 가족에 대한 접근금지 명령이 떨어지면 집으로 들어갈 수 없다. 이렇게 되면 부모들은 자녀가 경제적으로 독립하지 못한 상태에서 거리로 내몰리게 될 것을 우려해 신고를 망설이게 된다. 이럴 때는 접근금지 명령을 내리지는 않더라도 사태의 심각성을 느끼게 한 후 본인이 스스로 무료 중독치료 센터로 연락하게끔 해야 한다. 치료를 받지 않는 한 집을 나가서 혼자 살아야 한다는 것을 보여주는 것이다.

먼저 부모가 상담을 통해 중독자를 객관적으로 볼 수 있어야 무엇을 어떻게 지원할 것인지를 알 수 있다. 과거의 기억에 매달려서 중증의 중독자에게 무리한 기대와 희망을 가지는 것도 문제가 될 수 있다. 지속적인 치유로 상당히 회복되어 가는 중인데도 마약중독자에 대한 편견으로 낙인 찍는 것도 옳지 않다.

한국계 미국인과 일부 아시아계 가족들은 대부분 중독 문제로 경찰에 신고하는 일이 거의 없다. 마약 상담 센터나 치료 및 재활기관에 아시안의 비율을 물으면 거의 없다고 하거나 1~5%를 넘는 곳을 본 적이 없다. 정부와 사회단체의 도움을 받을 수 있는 제도나 모임도 잘 모를뿐더러, 가족의 사정이 이웃과 주변 사람들에게 알려지는 것을 원치 않는다. 숨기기에만 급급해서 치료 시기를 놓치고 가정은 점점 더 와해된다. 다른 가족들도 심리적, 경제적 피해를 입고 서로가 서로에게 가해자와 피해자로 살아간다.

중독자들을 사회가 껴안아야 하는 이유

완전한 회복을 어렵게 만드는 것들

B는 필라델피아에서 가까운 켄싱턴에 살고 있다. B가 사는 곳은 시내와 가깝지만 임대료가 저렴한 대신 2~3블록을 사이에 두고 마약을 사고파는 위험한 거리가 있는 동네였다. 미국으로 이민 와서 여러 번의 이사 끝에 그곳에 정착했을 때 그의 나이는 12세였다. 몇 년 동안 부모님은 자주 싸우고 집안은 늘 우울했다. 4년 후에는 아버지가 어떤 이유로 집을 떠났고, 엄마와 여동생 그리고 B만 남았다.

B는 집과 학교 어느 곳에서도 기댈 곳 없이 떠도는 작은 섬 같았다. 그래서일까 늘 거친 행동으로 크고 작은 문제를 일으켰다. 어울려 다니는 친구들과 담배와 마리화나를 피우기 시작하더니 급기야 다른 친구들에게 팔아서 용돈벌이를 하기도 했다. B에게

마리화나는 사람들과의 관계를 이어주는 매개체였다.

고등학교 때 처음 마약을 팔다 검거되었을 때는 보호자의 지도와 치료를 조건으로 집행유예로 풀려났다. 두 번째는 대학 입학을 하고 한 학기를 마치기도 전에 검거되어 징역형을 선고받았다. 수감 생활을 하는 2년 동안 병원에서 해독과 약물 치료를 하고 교도소 내 상담 프로그램에 참가했다. 엄마와 동생은 형이 끝나고 귀가한 B를 반가워했지만 불편함과 걱정 어린 시선은 여전했다.

B는 집으로 돌아가면 무엇이든 할 수 있을 것 같았으나 막상 어디서부터 어떻게 해야 할지 막막했다. 지인들에게 연락해서 일자리를 알아봤지만 마땅한 곳이 없었다. 얼마간은 엄마에게 용돈을 받거나 동생한테 빌려서 생활했다. 그러다 가끔 잔디 깎는 일이나 집수리와 같은 단순한 일들을 맡아서 했다. 감옥에서 치료를 통해 마약중독에서 충분히 회복되었지만 사람들은 그것을 인정해 주지 않았다. 언제든지 사고를 치거나 문제를 일으킬 사람이라는 선입견을 가지고 보았다. 사람들은 거리를 두었고 B가 할 수 있는 일은 어디에도 없는 듯했다.

어느 날 B는 동생이 잠든 사이 동생의 차를 몰고 나갔다가 경찰에 붙잡혔다. B는 무면허 운전자였던 것이다. 동생이 차가 없어졌다고 도난 신고를 했기에 동생의 차라는 것은 해명했지만 무면허 운전이 문제였다.

처음에 마약 판매를 했을 때는 집행유예로 풀려났지만 두 번째로 구속되어 형을 살게 되면 사회로 복귀하더라도 너무나 많은 희생을 치러야 했다. 특히 미국에서는 차 없이 생활할 수가 없는데, 운전면허 취득 자격이 몇 년간 박탈되었으니 일상생활이든 일이든 제약이 따를 수밖에 없다.

전과자로서 취업하는 데도 어려움이 따르게 마련이다. 마약을 끊고 충분히 회복되어 약물검사 소견서까지 제출한다 해도 중독이나 마약 판매와 같은 과거 경력은 꼬리표처럼 따라붙어서 사람들로부터 신뢰를 얻거나 일자리를 구하기는 결코 쉽지 않다.

B도 출소만 하면 무엇이든 할 수 있을 것 같았던 자신감도 점점 줄어들고 스트레스가 점점 쌓여갔다. 그런 모습을 지켜보는 가족의 마음도 결코 편하지 않았다.

중독 자체로 끝나지 않는 악순환

마약은 자신이 중독되는 것도 문제이지만, 그로 인해 범죄를 저지르고 전과자로 전락할 가능성이 크다. 가족과 주변 사람들과의 관계가 깨져서 도움받기도 힘들고, 건강 문제까지 생기면 일하기도 쉽지 않다. 이것은 바로 경제적인 어려움으로 이어진다. 어느 것도 할 수 없는 상황으로 내몰리다 보면 또 현실을 잊기 위해 약을 찾는 악순환의 늪에 빠진다.

B가 사회로 복귀하기 위해서는 중단했던 학업을 이어가는 것도 좋은 방법이지만 쉬운 일이 아니다. 운전면허 자격을 얻기까지는 몇 년을 기다려야 하므로 그전까지 가족이나 지인의 도움을 받아

야 한다. 그러나 이 시기에 어떤 사건 사고에 연루된다면 운전면허 취득 자격을 얻기까지 시간은 더욱 늘어난다. 어느것도 할 수 없는 무력감과 스트레스, 무료한 시간들은 재중독으로 이어지기 쉽고 보통의 성인처럼 독립적으로 살아가기가 더더욱 힘들어진다.

미성년자라면 부모의 보살핌을 받으면 된다. 하지만 성인이 독립된 생활을 하는 데 어려움을 겪는다면 중독으로 인한 신체적 정신적 장애가 있는지, 어떠한 일을 할 수 있는지 주치의의 진단을 받는 것이 좋다. 최저생계비 지원을 신청하거나, 장애 판정을 받으면 주치의의 진단서를 가지고 사회복지사와 상담하고 사회보장센터에 지원비(생활비, 식품, 의료 지원)를 신청할 수 있다. 치료와 재활을 마치고 취업해서 정상적인 생활을 할 수 있을 정도의 수입이 생길 때까지 지원받을 수 있다면 가족에게 부담을 주지 않고 치료에 전념할 수 있다.

중독 치료가 충분히 되었다고 해도 단약 모임에 지속적으로 참석할 수 있도록 가족들이 격려하고 지지해 주어야 한다. 일하느라 피곤하고 시간이 없어서, 또는 충분히 회복되었다고 판단해서 더 이상 참석하지 않는 사람들이 있다. 하지만 적극적으로 참석해서 매일매일 겪게 되는 마약의 유혹을 이기고 자신을 점검하는 계기도 만드는 한편, 다른 사람들의 사례를 들으며 약물 의존에서 벗어나 홀로서기를 하기 위해 노력해야 한다.

마약에 중독되었다가 다시 일상으로 돌아와 '홀로서기'를 한다는 것은 여간 힘든 일이 아니다. 이 모든 과정을 가족의 도움과 사회적 지원으로 하나하나 밟아나가야 한다. 이 과정이 힘들고 지쳐도 계속해야 한다.

중독자들이 가정에서 밀려나면 자잘한 사건에 휘말리기 쉽기 때문에 사회에서도 벼랑 끝으로 내몰리게 된다. 자립하기 힘든 그들에게 결국 사회적 비용이 쓰여지고 그들을 치료하는 데도 예방비용보다 몇 배 더 많은 경비가 지출된다. 중독자들을 방치하는 것은 언제 터질지 모르는 폭발물을 안고 살아가는 것과 같다. 우리가 안전하고 건강하게 살아갈 수 있는 사회를 만들기 위해서는 약물중독에서 완전히 회복된 사람들도 낙오되지 않고 더불어 살아갈 수 있어야 한다.

전문적인 치료를 받아야 하는 이유

중독자들이 이용할 수 있는 곳

가족이 마약중독이라는 것을 알게 되면 처음에는 놀라움과 걱정에 휩싸였다가도 이내 부끄럽고 골치 아픈 일로 여겨 상담이나 치료를 받기보다 감추려고 한다. 마약에 중독된 청소년들의 부모님도 청소년기에 친구들과 어울려 놀다가 재미로 한두 번쯤 하는 일탈 정도로 생각한다. 또한 마약을 했더라도 반성하고 다시는 하지 않겠다고 마음먹으면 얼마든지 끊을 수 있다고 여긴다.

마약중독은 이미 약물에 의존한 상태이며 결심한다고 해서 중단할 수 있는 것이 아니다. 중독은 회복하기 쉽지 않은 질병으로 오랜 시간 중독을 치료하고 사회로 복귀하더라도 늘 경계하고 조심해야 한다. 일단 중독되었다고 판단되면 가능한 빨리 적절한 치료를 받는 것이 가장 바람직하다.

중독은 정신적인 부분과 육체적인 부분으로 나눌 수 있다. 정신적인 부분은 육체적인 의존보다 더 심각하고 위험하다. 마약중독은 종류에 따라 육체적인 의존성 없이 정신적인 의존만 나타나는 경우도 있다. 마약을 중단하거나 해독하는 경우 짧게는 며칠부터 몇 주간 금단 증상이 일어났다가 점차 사라지는 것이 일반적이다. 하지만 정신적 의존성은 오래 지속되며 짧은 시간 내에 치료하기 힘들다.

미국 내에는 수십만 개의 마약중독 재활치료 센터들이 운영되고 있다. 개인의 의료보험과 정부지원보험으로 운영하는 기관과 비영리단체의 무료 치료 센터가 있다. 필라델피아에는 마약중독으로 길거리나 다른 곳에서 경찰에 검거되면 응급치료(해독 약품 투약)를 하고 난 후 본인이 치료받겠다고 하면 구세군에서 운영하는 임시치료센터나 가까운 셸터로 이송한다.

장기간 머물며 치료받을 수 있는 곳은 아니지만 응급 상황에 처한 사람들이 긴급치료를 받을 수 있다. 중독자를 위한 지원센터에서는 노숙자들에게 생필품(1회용 주사기, 옷, 콘돔, 마스크, 소독제)과 의료 지원(약품 지급과 백신)을 하고 화장실과 샤워실을 제공한다. 셸터의 사회복지사들의 도움으로 말소된 자신의 신분을 찾아 정부지원 프로그램을 신청하는 경우도 있지만 대다수는 일회적 서비스를 받고 다시 거리로 나온다.

자신에게 맞는 프로그램을 선택한다

미국의 마약중독 전문 치료기관들의 프로그램은 비슷하지만 비용 차이가 많이 난다. 최근에는 코로나19로 인해 많은 시설들이 정상적인 운영을 할 수 없게 됐다. 그런 동안에도 중독자는 늘어나 더 많은 사람들의 요청으로 3~5일간의 해독을 위한 프로그램도 생겨났다. 어떤 곳은 약물 해독 제품을 중독자에게 보낸 다음, 온라인 영상을 통해 의사가 지시하는 대로 투약하는 위험한 방법이 시행되기도 했다.

마약중독은 1~2주 후에 본격적인 치료가 시작되며 90일이 기본이다. 외래 환자는 3개월에 3,000~1만 달러이며 입원 환자는 1개월에 5,000~2만 달러이다. 높은 성공률을 위해서는 더 오래 할 수도 있지만 비용 부담이 크다. 고급 휴양지에 있는 치료 시설은 1개월에 3만~10만 달러인 곳도 많다.

무료로 마약중독 재활치료를 받을 수 있는 방법으로는 정부지원 시설이나 비영리단체에서 운영하는 시설에 입소하는 것이다. 응급치료를 하는 임시치료센터는 장기 치료를 하기에 적합하지 않다. 개인의 수입에 따라 비용이 책정되는 전문 재활 및 치료 시설도 많다. 비용을 분할 납부할 수 있는 곳도 있고, 학생에게는 장학금을 지원하는 프로그램도 있다.

의료보험이나 저소득층에게 제공되는 혜택도 받지 못하는 경우에는 재활치료 비용을 마련하기 위해 돈을 모으는 방법을 제안하기도 한다. 개인의 물건을 온라인이나 이베이에서 팔거나 집 안의 물건을 마당에 내놓고 파는 가라지 세일을 할 수도 안내하는가 하면, 크라우드펀딩 플랫폼인 고펀드미(GoFundMe) 또는 인디고고(Indiegogo)에서 기금을 마련하는 방법도 소개한다.

매달 평균 7만 명 이상이 SAMHSA(Substance Abuse and Mental Health Administration, 약물남용 및 정신건강청)을 통해 서비스를 받는다. 이곳은 전화 라인이 24시간, 365일 동안 연결되어 있어 언제든 도움받을 수 있다(SAMHSA's National Helpline). 거주하는 지역의 우편번호를 넣으면 가까운 재활센터와 함께 자신에게 적합한 프로그램을 찾아준다. 상담원과 통화하면 시설에 대한 정보와 비용 지불 방법, 어떤 서비스가 제공되는지, 자신이 가입한 보험을 적용받을 수 있는지, 현재의 수입 상황을 설명하고 보조받을 프로그램이 있는지 등을 안내해준다.

무료 알코올 및 약물 재활센터 찾기 사이트(www.freerehabcenters.org)에 접속해 거주 지역을 입력하면 미국 전역에 주별로 무료 치료를 하는 곳을 찾을 수 있다. 재활센터별로 거주할 수 있는지, 아침에 방문해 치료와 상담을 하고 저녁에 귀가하는 프로그램인지, 주말에도 이용할 수 있는지 등 서비스 내용과 시간을 잘 살펴봐야 한다. 해독과 치료, 상담, 가족 모임 및 중독치료와 관련해 어떤 활동 프로그램들이 제공되는지도 알아본다.

중독자 스스로 병원을 찾을 수 있도록 지원

마약에 중독된 사람들 중 우울증과 다른 질병, 사회적 관계, 직업 그리고 법률적 문제 등에 대해 도움받기도 한다. 항우울제, 항불안제, 신경안정제, 항정신병약물 등은 중독이 심각할수록 우울증, 불안장애(외상후스트레스장애 포함), 조울증, 정신분열증 등이 발생하기 쉽고 약물에 따라 중독의 증세와 치료 기법에 차이가 있다.

마약중독 치료를 할 때는 반드시 정신과 상담도 함께 받는 것이 좋다. 약물을 찾게 된 요인으로 가족과의 사이에서 빚어진 오해와 상처가 상당 부분을 차지한다. 성장기에 가족에게 상처받은 일들을 돌아봄으로써 서로를 이해하게 되고 관계를 회복하면 가족의 지지를 받아 치료에 전념할 수 있다. 많은 중독자들이 성장기에 상처를 받고도 치유받지 못한 채로 마약을 하고 상담을 받았을 때 힘겨웠던 기억들을 떠올린다. 정신과 의사, 임상상담 전문가 등은 팀을 이뤄 환자마다 개별 목표를 정하고 마약중독에 의존하지 않고 일상생활을 할 수 있도록 치료한다. 필요한 경우에는 약물 치료까지 함께 진행된다.

현재 한국 현행법은 마약으로 분류된 마리화나를 흡연한 경우 5년 이하의 징역과 벌금에 처해진다. 마약을 소지하는 것만으로도 형사처벌이 되며 마약 관련 범죄를 저지를 경우에는 구속된 상태에서 수사를 받는다. 마약류 관련 범죄를 엄히 다루는 이유는 2차 범죄로 이어질 확률과 재발 위험성이 높기 때문이다.

이처럼 마약 범죄에 대해서는 엄격히 다루되 치료받을 수 있는 제도 보안이 필요하다. 한국에도 전국적으로 마약중독자를 위한 치료보호 지정 병원이 21개 있다고 하지만 중독자들이 부담 없이 자발적으로 방문할 수 있는 곳이 얼마나 될지 의문이다. 한국 사회에서 마약중독 치료가 제대로 이뤄지지 않는 이유는 중독자들이 스스로 병원에 갔다가 처벌받거나 범죄와 중독의 기록이 남겨지는 것은 아닐까 하는 걱정이 앞서기 때문이다.

마약중독 치료와 재활을 원하는 경우 가까운 병원으로 요청하면 되는데, 치료비는 전액 국고 지원이며 치료 대상자의 개인 정보 보호는 반드시 보장된다. 중독자나 보호자가 입원 신청하면 심사를 거친 후 치료 보호 여부와 입원 기간을 결정한다.

정부의 지원 정책이 있음에도 불구하고 개인의 신상이 노출될까 두려워 스스로 치료 기관을 찾지 못하는 경우에는 민간 치료센터의 도움을 받을 수도 있다. 치료받고자 하는 중독자의 비밀을 철저히 보장해 심리적 부담을 줄이고 마음 편히 치료받을 수 있는 환경을 갖추는 것이 절실하다.

새롭게 시작할 수 있는 기회를 주는 것

중독과 회복 이후, 취업의 벽을 넘으려면

개인 의지만으로는 탈피 힘든 마약중독의 쳇바퀴

지난해 3월 조씨는 다시 한 번 새 출발의 부푼 꿈을 안고 택시운전 면허 시험을 봤다. 우여곡절 끝에 합격해 직업다운 직업을 가질 수 있다는 꿈에 부풀어 있었다. 하지만 결과는 실패였다. 마약류 중독으로 인한 전과가 문제가 돼 면허를 발급받을 수 없다는 것. 전혀 예상하지 못한 바는 아니었지만 응시료를 지불하고 제대로 치른 시험에 합격까지 한 뒤에 실패한 것이다 보니 맥이 풀렸다.

— 김준영, "'마약청정국 지위 되찾자', 반평생 중독 생활·전과 15범…저는 마약중독자입니다", 〈세계일보〉, 2017. 10. 31.

앞 페이지 기사는 청와대 앞에서 1인 시위를 하는 조윤휘 씨에 대한 내용이다. 기사 내용처럼 마약으로 인해 치료센터나 감옥에 들어갔다 나온 사람들은 세상에 다시 나왔을 때 차가운 편견의 시선 앞에 또다시 움츠러든다. 중독에서 완전히 회복되더라도 높은 취업의 벽 앞에서 수없이 좌절한다. 마약중독과 실형은 평생 지울 수 없는 기록으로 남겨져 재취업에 제약을 가한다. 여러 취업군에서는 지원 자격조차 얻지 못하기 때문이다.

치료를 받고 재활과 단약 모임을 계속 다니면서 일할 준비를 해도 사회는 경계의 시선을 거두지 않는다. 중독치료를 받는 중에 사회로 복귀할 수 있는 취업 교육과정도 많다. 과거 경력과 보유한 기술을 활용할 수 있는 일자리를 구할 수도 있지만, 신체적·정신적 기능이 상실되었다면 다른 직업군을 찾아봐야 한다. 중독치료 과정을 마쳤다고 해서 모든 기능이 중독 이전의 수준으로 완전히 회복되는 것은 아니다. 따라서 중독되기 전의 상태를 기대하고 요구해서는 안 된다. 이 부분은 가족들이 함께 도와야 할 영역이다.

미국은 주와 타운마다 조금씩 차이가 있지만 마약 투약과 소지 그리고 판매로 인해 유죄 판결을 받으면 벌금이나 구금을 선고받고, 운전면허 취소와 함께 운전면허 응시 자격도 5년간 박탈되기 때문에 구직 활동에 어려움이 많다. 마약중독 관련 범죄 기록이 남아 있으면 학생을 가르치는 교육 부문이나 생명을 다루는 의료계 그리고 정부의 국가직 공무원과 같은 자리에는 지원할 수 없다.

일반 회사의 경우도 '과거 중범죄 판결을 받은 적이 있는지'에 대한 질문을 받기 때문에 취업하는 데 제약이 있을 수 있다. 마약 관련 범죄 경력이 있다고 답하고 지금은 재활에 성공했다고 하면 그 부분에 대해서는 격려하지만 직원으로 받아들이는 것은 또 다른 문제다.

중독은 너무나 많은 기회를 박탈하므로 반드시 학교와 직장을 잃기 전에 치료해야 한다. 많은 사람들이 마약중독 상태에서 직장을 다니고 가족이나 친구들 사이에서도 큰 문제를 일으키거나 특이한 점을 보이지 않는다. 하지만 중독이 심각해지면 정시에 출근하는 것부터 시작해서 업무 스트레스와 자신의 기분을 관리하는 데도 어려움을 느낀다. 직장에서는 업무 능률이 떨어지거나 지적 기능이 떨어져서 크고 작은 실수를 하다가 결국 매출 손실로 이어진다.

업무상 실수가 빈번하고 매출 손실에도 영향을 미치는 직원을 계속 지켜볼 회사는 어디에도 없다. 언젠가는 업무에서 배재되다가 급기야 직장을 잃게 된다. 그쯤 되면 이미 신체와 정신적으로 심각한 상태로 가족과의 관계도 붕괴되고 경제적인 어려움에 내몰린다. 헤로인과 같은 강력한 마약류에 중독되는 것은 생활 전반적인 부분에서 심각한 파괴로 이어진다. 따라서 학업이나 직장 생활을 할 수 없는 상황까지 내몰리기 전에 치료를 시작하는 것이 모든 것을 잃고 난 후 바닥에서 다시 시작하는 어리석음을 면하는 방법이다.

사회로 나가기 위한 준비

미국의 경우 중독치료 후 취업 준비를 충분히 했다면 '아메리카인 리커버리(America in Recovery)' 사이트와 '전국기능경기연맹', '구세군', '실업자사무소' 등 구직 사이트의 도움을 받아 취업할 수 있다. 중독치료와 재활 과정을 마치고 취업하기 위해서는 몇 가지 살펴봐야 할 것이 있다.

첫째, 다시 취업 현장으로 돌아갈 수 있을 만큼 충분히 치료되었는지 재활치료 센터의 상담자와 지도자의 의견을 참고해야 한다. 단기 치료 과정을 거쳤다고 완전히 치료되었다고 보기는 어렵다. 중독에 이르게 된 주요 원인이 해결되었는지를 살펴야 한다. 또 치료를 마치고 난 뒤에도 N.A. 모임 등에 참가하면서 재중독의 유혹을 이겨내는 힘을 길러야 한다. 재취업에 성공하기 위해서는 기본적으로 단정한 옷차림과 태도로 일할 준비가 되어 있음을 보여주어야 한다.

둘째, 마약중독으로 인해 변화된 자신의 상황을 잘 파악하는 것이 중요하다. 학교를 중단했다면 복학이 어려울 수도 있고, 이전 직장으로 돌아가지 못하거나, 과거 경력으로 직장을 찾기 어려운 상황을 만날 수도 있다. 마약중독 관련 법 위반으로 형을 받은 경우 전과 기록 등이 원하는 직업군에서 취업 결격 사유가 되는지도 확인해야 한다. 또 현재 약물검사 결과를 요구하는 회사도 있다. 기술이 요구되는 직업이라면 관련 자격을 갱신하거나 관련 분야에서 다시 일할 수 있는지도 확인해 본다. 관심 있는 분야에서 일할 수 있는 공부를 하거나 기술을 배워서 자격증을 취득하는 것도 좋다.

셋째, 새로운 일자리 분야와 취업 현장에서 자주 스트레스를 받는다면 다시 생각해봐야 한다. 스트레스를 자주 받으면 마약을 찾기 쉽고 재중독으로 내몰리게 된다.

J의 경우도 대학 때 친구들과 마약을 하다가 학점을 제대로 이수하지 못해 2학년을 두 번이나 다닌 끝에 그만두었다. 새롭게 출발하기로 마음먹고 단기로 재활센터에 입소해서 중독치료를 했다. 대학을 다니지도 않으면서 부모님 집에 있을 수 없어 레스토랑에서 웨이터 일을 시작하며 친구의 집에 함께 살았다. 차도 없이 친구의 도움을 받으며 지내다 보니 당장이라도 돈을 벌지 않으면 홈리스가 될 것 같아 두려웠다고 한다. 그는 웨이터로 일하면서 낮에는 N.A. 모임에 다녔다. 레스토랑 웨이터는 과거 경력이나 약물 검사 기록을 제출하지 않아서 계속 일할 수 있었다.

중독 경험자들은 자신이 치료받았던 기관과 중독 관련 시설에서 인턴과 봉사활동을 하다가 취업하는 사례도 많다. 중독과 재활치료를 위해 입소한 사람들의 상황과 심정을 누구보다 잘 알기 때문이다. 또한 중독과 재활 시설과 같은 힘든 취업 현장에는 잦은 이직으로 인해 늘 인력이 부족하다. 그 밖에 가족과 지인들의 도움으로 회사에 취직하는 경우도 많다.

끊는 게 아니라 참는 것

늪으로 빠져드는 재중독

마약이나 약물에 중독되지 않더라도 크고 작은 고민과 어려움에 놓여 있는 사람들은 제대로 먹지 못하고 잠을 설치는 등 일상을 영위하는 데 어려움을 겪는다. 현재 내담자 앞에 놓여 있는 고민을 해결해 편안한 마음 상태를 만들어야 기본적으로 잘 먹고, 잘 자고, 제대로 일할 수 있다. 상담하고 치료하는 궁극적인 목적은 정상적으로 일상을 살아갈 수 있도록 돕기 위한 것이다.

뉴비전청소년센터에서도 긴급한 상황을 정리하고 나면 상담과 종교 활동 그리고 규칙적인 생활 습관을 들이는 부분에 큰 비중을 두고 있다. 오전에는 상담과 성경 공부를 진행하고 오후에는 센터 청소와 센터에서 운영하는 일터에서 시간을 보낸다.

단기간의 상담과 재활치료에서는 충분히 회복되었다가도 또다시 재중독되는 경우가 많아서 장기간의 회복을 위한 프로그램을 계획한다. 하지만 뉴비전청소년센터를 거쳐간 많은 중독치료자들이 위급한 문제가 해결되거나 재판이 어느 정도 진행되고 나면 서둘러 퇴소한다.

D도 몇 개월씩 일을 잘하며 지내다가도 어느 순간 유혹에 빠져 다시 마약을 하는 일이 반복되었다. 친구를 찾아 필라델피아로 왔던 D는 마약을 하고 길에 쓰러졌다가 정신병원에 들어간 후 뉴비전청소년센터로 옮겨왔다. 조기에 치료를 끝내고 두 번이나 재중독으로 센터를 찾아온 것이었다.

D는 상담과 성경 공부 그리고 일상적인 생활을 충실히 해냈다. 상담자와 생활지도자가 보기에도 충분하다는 판단이 들었고, 누가 봐도 치료되었다고 할 만큼 건강한 생활 태도를 보여주었다. 그는 외부의 단약 모임에 참석하며 일하고 싶어 했다. 특별한 직업훈련과 구직활동을 위한 준비를 하지는 않았지만 어떤 것이든 빨리 일자리를 찾아서 돈을 벌고 싶어 했다.

센터 소장님의 소개로 현장 노동일을 시작하는 D를 보며 걱정과 희망이 반반이었다. 정신과 육체적으로 충분히 회복되어 마약을 끊고 각오도 새롭게 다졌기에 일을 하면서 받는 스트레스와 돈이 생겼을 때 마약을 사려는 유혹도 어느 정도 이겨낼 수 있을 것이라고 생각했다. 그래서 몇 개월 동안은 수입 관리를 같이하는 걸로 약속하고 일을 시작했다.

재중독도 치료 과정으로 봐야 한다

일은 고단했지만 2주 후 주급을 받은 D는 그동안 먹고 싶었던 음식과 생필품을 사고, 또 2주를 더 일해서 핸드폰을 개설했다. 두 달이 넘어갈 때쯤 회사에서 공사용 트럭 운전을 맡겼고 그 차로 출퇴근을 했다. 그런데 퇴근 후 술 한 잔이 두 잔으로 이어지더니 마약을 다시 찾게 되었다.

어느 날 귀가하지 않은 D를 찾아 여기저기 연락했지만 소용없었다. 경찰에게서 걸려올지도 모르는 전화를 기다렸지만 그날 밤이 지나도록 돌아오지 않았다. 토요일 저녁 어둑해진 무렵 나타난 D는 차와 지갑도 잃어버리고 센터로 돌아올 교통비도 없었다고 했다. 눈 위의 상처와 왼쪽 손가락 골절, 허벅지 타박상, 그리고 바닥을 뒹굴었던 듯 지저분한 몰골이었다.

결국 몇 개월의 상담과 재활치료는 물거품이 되어버리고 말았다. 누구보다 중독에서 완전히 벗어나기를 간절히 바랐지만 재중독의 깊은 수렁으로 빠졌다. 또 얼마간의 긴긴 절망의 날들이 지나야 할까? D는 다친 부위와 상처를 치료하며 며칠 동안 누워 있었다. 육체의 상처는 몇 주 지나면 회복되겠지만, 무너진 마음과 패배감에서 벗어나려면 더 긴 시간이 필요할 것이다.

중독 경험자들은 마약은 끊을 수 없다고 말한다. 다만 얼마나 오랫동안 마약을 하지 않고 버틸 수 있느냐 하는 문제라는 것이다. 말하자면 중독은 끊는 것이 아니라 참는 것이다. 마약중독이 얼마나 지독하고 끈질긴지는 잔인하고 끔찍한 실체를 보고도 쉽게 벗어나지 못하는 것을 보면 알 수 있다. 부모도, 형제도, 자신의 꿈도, 인간으로서 최소한의 존엄도 지켜내지 못하고 단지 숨이 붙어 있는 짐승과도 같은 삶을 살아간다.

중독의 정도와 개인의 특성 그리고 가족의 지원 여부 등에 따라 차이가 있겠지만 중독치료를 단기간에 끝낼 수 있다고 생각해서는 안 된다. 중독치료는 단기간에 이루어지지 않는다. 다시 마약을 찾게 만드는 스트레스와 트리거(Trigger)를 잘 관리해야 재중독으로 이어질 수 있는 요인들이 최대한 제거될 수 있다.

올바른 습관이 몸에 밸 때까지

중독 요인에서 멀어지는 법

22세 S는 한때 학교 수업을 따라갈 수 없을 정도로 심각하게 중독되어 있었다. 마약을 끊을 결심으로 해독과 재활치료를 몇 차례 반복했지만 여전히 벗어나지 못했다. 마약을 하고 집에 돌아와서 곧바로 해독제를 먹어보기도 했고, 방학 중에 외래재활센터 프로그램을 다녀보기도 했다. 6주간 입소해 치료받는 프로그램에도 참여해봤지만 소용없었다. 연이은 실패로 자신감이 바닥까지 떨어졌는데도 부모님의 한결같은 지지와 눈물 어린 호소에 또다시 재활시설로 입소했다.

필라델피아 다운타운에서 2시간 정도 떨어진 H타운은 대부분 농장을 운영하는 조용한 곳으로 한국 이민자들이 거의 없다. S가 다니는 고등학교 학생들은 담배만큼이나 마리화나를 흔히 피웠다. 부모가 피우는 것을 가지고 오는 아이들도 있었고, 그것을 보는 어른들도 심각하게 생각하지 않았다.

고등학교를 다닐 때는 부모님을 도와 농장에서 트랙터를 몰기도 하다가 주말이면 친구네 농장에서 마리화나를 피웠지만 잠시 긴장감이 풀리는 정도일 뿐 위험하다는 생각을 하지 못했다. 본격적으로 시작한 것은 대학에 들어가서였다. 마리화나를 피우다가 점점 더 효과가 오래 지속되는 약을 찾게 되었다. 금요일 오후부터 일요일 저녁까지 학교 기숙사와 인근에 있는 친구의 집에서 몇몇이 모여 게임을 하고 술을 마시면서 자연스럽게 마약을 했다.

함께 어울리는 시간이 많아지고 빠르게 중독되어 가는데도 약을 하는 것에 대해 어느 누구도 심각하게 생각하지 않았다. 그러다 2학년 때 문제가 생기기 시작했다. 수업 시간에 자주 지각하고 집중하지도 못했으며 과제를 제때 제출하지 못하는 일이 잦았다. 시험을 망치고 난 뒤에야 자신을 진지하게 돌아보았다. 학년을 올라가지 못해 졸업이 늦어지면 부모님께 어떻게 말해야 할까 걱정되었던 것이다.

스스로 참아보기도 하고 해독제도 먹어봤지만 금요일이면 어김없이 친구들과 모였다. 다른 친구들이나 취미 활동도 딱히 없었기에 늘 어울리던 친구들이 부르는 술자리는 거절할 수 없는 유혹이었다. 약에서 깨어나면 절망감과 후회가 밀려들었지만 주말이 되면 수없이 다짐했던 각오들도 어느새 잊고 약에 취했다.

대학 내에 마약과 알코올중독을 상담하는 프로그램들이 있었지만 그곳을 방문해 도움받을 생각은 하지 못했다. 학교 내에서 받는 상담은 가벼운 중독인 경우에 이용하는 것이라고 생각했다. 하지만 학교를 쉬어야겠다고 마음먹었을 때는 학교 내 상담을 받았더라면 이렇게 상황이 악화되지는 않았을지도 모른다는 생각이 들었다.

S는 중독과 해독을 되풀이하면서 아무런 성과도 거두지 못하고 휴학을 했다. 학교에 적응하기 힘들어 한 학기를 쉬기로 하고 집에 머무는 동안 또다시 마약을 하다 부모님이 알게 되었다.

삶의 태도를 바꿔야 한다

S는 단기 외래치료를 받기 위해 센터를 찾아왔다. 아침에 마약재활센터로 와서 다양한 치료와 상담을 받고 저녁에 집으로 돌아갔다. 치료받는 동안은 아주 잘 이겨내다가도 일상생활로 돌아가 친구들과 어울리다 보면 이내 술과 마약으로 이어졌다. 부모님의 실망감과 자신의 절망감이 시지포스의 형벌처럼 끝도 없이 반복되는데도 S와 그 부모님은 포기하지 않았다.

6주 과정으로 재활치료 센터에 입원해서 지불한 비용은 7,000달러 정도였다. 보험 혜택을 받을 수도 없어서 부모님이 지불해야 했다. 결코 적은 돈이 아니었지만 자식의 중독치료를 포기할 수 없었다. 부모님은 해독제로 인해 몸에 쇼크가 오는 것을 보면서 아들을 잃을 것 같은 불안감을 느꼈다고 했다. 중독치료는 끝이 보이지 않았지만 보통 사람들처럼 일하고 스스로 생활해나가기만을 간절히 바라며 아들을 설득해서 보냈다.

중독을 치료하는 시설마다 비슷한 프로그램들이 운영된다. 개인 상담과 그룹 상담, 테라피, 약물 치료, 다양한 예체능 활동을 이용한 치료도 있고, 영상교실과 가족상담, 중독자를 돕는 부모들의 모임도 있다.

S가 입소한 곳은 상담 치료와 약물 치료를 함께 진행했는데, 개인 상담과 다른 중독자들과 함께 하는 그룹 상담에도 참가했다. 부모님은 입소 절차를 마치고 간략히 상담한 것 외에 가족 상담과 그룹 상담에는 거의 참석하지 못했다. 생업으로 시간이 나지 않는 데다 영어로 진행하는 것도 부담되었다. 대신 주말에 S를 방문해 함께 시간을 보내고 6주간의 재활치료를 마친 후 집으로 돌아갔다.

처음에는 규칙적으로 일어나고 운동하며 여유로운 생활을 했다. 몸도 마음도 완전히 회복된 것 같았다. 한동안 못 만났던 친구들도 만나고 복학하기까지 어떤 일이든 하려고 인터넷으로 알아보거나 친구들에게 도움을 요청했다. 그렇게 몇 달이 지났을 때 맥주 한잔 정도는 괜찮을 것이라 생각하며 마신 술과 담배는 어김없이 마리화나로 이어졌다. 친구들의 권유를 밀쳐내지 못한 것이 문제였다. 결국 6개월이 채 지나지 않아 다른 약들을 다시 찾게 되었다. 몸이 먼저 갈망하는 자신의 모습에서 실망과 자괴감이 들었지만 유혹을 이기지 못했다. 부모님께 더 이상 실망을 안겨드릴 수 없어서 마약을 하지 않았다고 거짓말해야 했다.

며칠 동안 친구들과 어울리다 초췌한 모습으로 집에 돌아오는 날이 많아지자 결국 거짓말은 들통 났고 부모님과 심각한 갈등을 빚었다. 중독과 재활치료를 반복하는 자신을 잊고 싶어서 약을 하고 깨어나면 후회와 부모님께 죄송한 마음이 뒤엉켜 괴로움에 시달렸다.

빠지는 것은 한순간이지만 벗어나는 것은 오래 걸린다

마약은 단기간에 빠르게 중독되지만 재활치료는 더디고 오랜 시간이 소요된다. 마약 재활치료에 성공하기까지는 마약의 종류와 투약 기간, 개인의 의지에 따라 다르지만 중독에 빠진 시간의 2배 이상이 필요하다. 재중독으로 이어지는 것을 예방하려면 단기간의 치료보다 장기 치료를 해야 한다. 가족이 감당해야 하는 경제적 부담과 심리적 고통을 덜어주었을 때 안정적인 환경에서 장기간에 걸친 재활치료가 시작될 수 있다.

마약치유회복센터는 사회로부터 거부되고 낙인찍힌 마약중독자들이 서로를 이해하고 위로하며 치유하는 공간이다. 같은 경험을 한 사람들이 사회 복귀라는 같은 목표를 가지고 서로의 회복을 격려한다. 모든 중독자들이 마약치유회복센터에서 치료를 받는 것은 아니지만 마약으로부터 벗어나는 데 긍정적인 효과를 이끌어내고 있다.

장기간의 치료에서는 약물 치료와 회복 프로그램을 통해 생각과 삶의 태도를 바꾸고, 상담과 생활지도사의 도움을 받아 올바른 습관을 몸에 익히는 과정을 거친다. 건강한 생활 습관이 몸에 배어야 사회로 돌아가서 일상생활을 하거나 일을 하는 중에 갈등과 스트레스가 생겨도 마약으로 해소하려 들지 않는다.

5장

가족의 지지가
회복 성공률을 높인다

회복 성공률을 높이는 방법

치유로 나아가는 4단계

첫걸음이 중요하다

마약중독자들은 대부분 마약을 끊고자 수차례 결심하고 실패를 반복해 온 사람들이다. 중독은 특별한 치료약이나 비법이 있는 것이 아니기 때문에 한 번에 끊을 수도 없다. 지인과 가족의 권유로 치료를 시작하더라도 당사자가 스스로 중독자임을 인정하고 치료의 절박함을 느끼지 않는 한 중단하기 쉽다. 치료를 시작할 때 가장 중요한 부분은 자신이 중독치료 대상자라는 사실을 '인식'하는 것이다.

중독 치료를 하겠다는 결심과 함께 중독 전문가의 도움을 받으며 치료할 때 성공률을 높일 수 있다. 마약의 특성과 증세에는 어떤 것이 있는지 배우면 초기에 위험을 줄일 수 있다. 무엇보다 마약을 시작하게 된 근본적인 문제를 해결해야 재중독의 위험도 줄어든다.

마약중독은 스스로 벗어나기 어렵기 때문에 전문가의 도움을 받아야 한다. 미성년자들이 중독된 경우에는 부모의 권유로 치료를 제안하고 계획을 세울 수 있다. 하지만 성인 자녀는 본인이 거부하면 부모라도 강제로 치료받게 할 권한이 없다. 당사자가 치료를 거부하더라도 포기하지 않고 지속적으로 치료의 중요성을 이해시키고 설득하는 것 외에 별다른 방법이 없다.

중독치료에는 응급치료, 약물 치료, 심리상담, 인지행동치료 등이 있다. 치료 과정에서 'N.A. 12단계'와 같은 모임에 지속적으로 참가해 끊임없이 자신을 돌아보고 각오를 다져야 한다. 함께하는 이들의 위로를 받고 스트레스를 관리해 재중독으로 이어질 가능성을 최대한 줄여나가는 것이 관건이다.

첫 번째 단계: 몸속의 약물 빼내기

중독치료를 시작하면 맨 먼저 몸속에서 약물을 빼내야 한다. 이 과정에서 해독제를 사용하는데 이것이 치료의 첫 단계다. 해독하는 과정에서는 긴급하고 위험한 상황이 발생할 수 있으므로 전문가의 지도하에 이루어져야 한다. 혼자 마약을 복용한 후 바로 해독제를 사용하다 위험에 빠지는 경우도 있다. 주의 사항을 따르지 않고 무분별하게 해독제를 사용하다가 문제가 발생했을 때 적절한 응급처치를 받지 못해서 불미스러운 사고로 이어진다.

마약중독으로 길거리에 쓰러져 있는 사람을 발견하면 경찰이나 응급요원들은 우선 해독제부터 사용한다. 이때 해독만 하고 추가로 치료하지 않으면 대부분 다시 마약을 찾는다.

두 번째 단계: 심리치료로 중독의 원인 파악하기

마약을 시작하게 되는 이유는 다양하다. 단순히 호기심과 유혹으로 손을 대기도 하고, 스트레스나 위기 감정을 회피하기 위해 시작하는 경우도 있다. 하지만 어떤 경우든 중독으로 이어진다. 감정, 트라우마, 개인적 위기, 관계의 문제들로 인한 스트레스 등 근본적인 문제가 해결되지 않은 상태일 경우도 있다. 그래서 이를 벗어나고자 약물을 계속 찾게 되고 재중독으로 이어질 가능성도 크다.

중독치료를 돕고 재중독의 유혹을 이겨내기 위해서는 잘 훈련된 전문 심리상담 치료사의 도움을 받아야 한다. 중독의 상태를 바르게 진단해야 적절한 치료 수위를 결정할 수 있다. 중독치료를 위해 사용하는 심리상담에는 여러 가지가 있다. 그중 많이 활용하는 것은 인지치료, 인지행동치료, 행동요법, 인지분석치료, 합리적 정서행동치료 등이다. 중독자가 가진 잘못된 생각이나 사고방식을 이해하고 문제가 무엇인지 파악한 후에 긍정적 사고와 행동을 할 수 있도록 돕는다.

단기간의 상담을 통해 현재 당면한 문제를 해결하는 데 도움을 주는 '문제해결 기술 모델, 강정관점/임파워먼트 모델'을 활용할 수 있고 '생태체계 모델'은 기본적으로 모두 활용해 문제 해결 능력을 길러주고 행동 변화를 이끌어낸다.

인지-행동치료

사람들의 사고방식(인지적 접근법)과 행동 방식(행동적 접근법)을 이해하는 것을 기반으로 한다. 환자의 문제를 확인한 다음 '부적응' 행동이 무엇인지 파악해 문제 해결과 인지 재건 등을 훈련시켜 회복을 돕는다. 우울증, 강박증, 불안장애, 트라우마 치료에 매우 효과적이다.

행동요법

포비아 및 중독치료에 유용하다. 환자의 삶에 끼치는 학습 또는 제어된 행동의 영향력을 깨달을 수 있도록 하는 심리치료다. 환자의 문제를 파악한 후 환자 자신이 익숙해지도록 한 후 자신을 '놓아주는' 과정을 돕는다.

인지분석치료

특정 행동, 왜곡된 생각 또는 문제 행동을 개선하기 위한 것이다. 환자의 생각 또는 행동의 이유를 스스로 이해할 수 있도록 돕는 것이 목적이다. 시간이 한정된 단기간의 치료에서 매우 유용한 방법이다. 치료사는 환자의 변화를 돕기 위해 다양한 대립 방법을 지도한다.

합리적 정서행동치료

분노, 불안, 좌절, 사회 포비아, 부끄러움, 성 불능을 치료하는 데 도움이 된다. 중독자 스스로 왜곡된 감정과 파괴적인 사고를 인식하고 긍정적인 사고를 할 수 있도록 돕는다.

이외에도 심리 전문가들이 각자의 치료 기법을 활용한다. 정신분석 및 정신역동치료(정신분석치료, 역동대인관계치료, 융합유형치료), 인본주의치료(실존치료, 게슈탈츠치료, 내담자중심치료, 단기 문제 해결 중심, 동기강화치료), 교류분석, 자아초월심리학, 예술치료(드라마치료, 음악치료), 가족치료, 대인관계치료, 정신성욕요법, 사이코드라마(심리극) 등이 활용된다.

세 번째 단계: 금단증상 줄이기

중독은 정신장애(반사회적 인격장애, 공포증, 우울증)와 같은 정신질환을 겪을 확률이 높기 때문에 의사의 처방을 받아 약물을 함께 복용하면서 치료를 이어간다. 중증인 경우 의사의 진료하에 약물 치료를 하는 경우가 많다. 마약 종류에 따라 불쾌한 우울증이나 불안증세는 수면제나 항불안세로 해소할 수 있지만, 더 강한 약물을 갈망하게 되면 약물을 사용해야 한다. 단기 처방을 하되 서서히 금단증상을 줄여서 점차적으로 약물 의존을 줄인다. 약물 치료는 중독치료에 효과가 좋고 회복 가능성이 높아서 재중독을 상당히 예방

한다고 한다. 그러나 마약중독을 줄이기 위해 처방받아 복용하는 약물에 중독되는 경우도 적지 않다.

네 번째 단계: 격려와 지지를 위한 단약 모임

중독치료를 받고 있거나 마친 사람들이 중독자들의 모임에서 서로를 이해하고 공감하는 시간을 가지며 많은 도움을 받는다. 'N.A. 12단계 지지 모임'은 마약중독자들의 회복을 돕는 데 활용되고 있다. 마약중독을 회복하는 과정에서 중독자들은 수없이 많은 유혹과 고통스러운 시간을 보낸다. 이 모임을 통해 재중독의 유혹을 이겨낼 수 있도록 서로를 응원하고 지지하며 격려한다.

'N.A. 12단계 프로그램'은 중독이라는 공동의 문제를 가진 사람들이 '12단계'를 바탕으로 자신의 생활 방식을 변화시켜 중독치료 후에도 회복을 유지하고 성장과 변화를 이끈다. 한 번의 마약 해독이나 단약을 선언하는 것으로 중독치료가 완료되는 것은 아니다. 중독자들은 약물을 참는 과정에서 혼자 견디기 힘든 시간에 자주 맞닥뜨린다. N.A. 회원에게 연락해 터놓고 함께 이야기하면서 서로 비슷비슷한 경험을 나누고 효과적인 방법을 이끌어낼 수 있는 기회가 된다. 병원과 재활치료 센터에서 치료 과정을 마치더라도 재중독의 유혹을 이겨내기 위해서는 N.A. 모임에 지속적으로 나가는 것이 좋다.

치료 성공률을 높이는 열 가지 방법

새로운 변화를 맞이하기 위한 의지

마약에서 헤어나지 못하는 것은 의지나 성격의 문제만은 아니다. 마약중독을 치유하는 데는 자신의 의지도 중요하지만 그에 못지않게 외부의 도움이 꼭 필요하다. 마약과 처방된 마약성 약물을 오남용해 뇌에 변화가 일어나면 자신의 의지와 상관없이 더 강한 약물을 갈망할 수밖에 없다. 하지만 치료에 실패하고 절망적인 상황이 이어지더라도 재활치료가 결코 불가능한 것은 아니다. 올바른 재활치료를 한다면 언제든지 새로운 변화를 맞이할 수 있다.

중독과 싸우고 있는 사람들에게 가장 힘든 시기는 시작 단계다. 중독자 스스로 문제를 인식하고 치료를 통해 새롭게 변화하고자 결단하기가 결코 쉽지 않기 때문이다. 모든 중독자들이 자신은 마약을 몇 번 했을 뿐이라고 별 심각하게 생각하지 않는다. 충분히 마약을 조절하고 중단할 수 있으므로 치료받을 필요가 없다는 것이다. 심지어 사회생활과 가정생활에서 크고 작은 문제가 일어나고 있는데도 마약을 끊어야겠다는 결심을 하지 못한다. 이번에는 괜찮겠지 하는 막연한 기대감으로 마약을 그만두지 못하는 것이다.

마약중독에서 회복하는 데는 복용한 기간과 동기도 영향을 미치지만, 중독자 스스로 끊고자 하는 의지가 무엇보다 중요하다. 더불어 가족의 이해와 도움은 중독을 치료하는 중이나 치료를 마친 후에도 성공적인 삶으로 나아가는 데 큰 힘이 된다.

실패하면 다시 시작한다

약물중독 치료에 성공하기 위해 고려해야 할 사항은 다음과 같이 열 가지 정도가 있다.

약물로 인한 징후, 증상을 확인한 후, 자신에게 맞는 치료, 시설을 찾는다

마약 종류와 투약 기간, 신체 상황에 따라 증상이 다르게 나타나기 때문에 모든 사람에게 통하는 치료법은 없다. 성별과 연령, 종교적인 부분까지 고려해 상담을 통해 지원 가능한 프로그램을 찾는다. 이때 단기간에 해결될 것이라는 생각을 가져서는 안 된다.

중독자의 가족관계, 직장, 학업 문제, 경제적 어려움, 건강, 심리 상태를 고려하라

치료에 많은 영향을 끼치는 중요한 요인이며, 새로운 삶의 방식으로 건강한 습관을 들일 때 중독치료에 성공할 확률이 높아진다. 경제적 문제나 법률적 문제로 어려움을 겪고 있다면 부정적인 영향을 끼치기 쉽다. 스트레스와 고통에서 벗어나기 위해 마약을 했다면 스트레스와 고통을 완화할 수 있는 건강한 방법과 기술을 찾아야 한다.

가족들의 협조와 치료 후 지속적인 대책이 필요하다

중증의 중독치료는 단기간에 치료하거나 회복되기 어렵다. 일반적으로 마약에 의존했던 기간이 길고 강한 약물일수록 치료 기간이 더 길고 약에 대한 의존도가 높다. 치료를 마쳤다 하더라도 일상으로 돌아가면 재중독이 이어지는 사례가 많다. 곁에서 가족들이 지속적으로 관심을 가져야 한다.

약물 치료와 함께 정신건강을 위해 상담 치료가 필요하다

회복을 위해 치료에 참가하는 사람들 모임에 적극적으로 참여하고, 지도하는 담당자나 리더의 지지를 받으며 중독치료를 병행해나가야 한다.

가속과 친구의 도움을 받는다

과거의 행동과 불미스러운 사건들로 신뢰가 깨지면서 서로 거리를 두는 가족들이 많다. 사랑하는 가족과 친구들의 격려와 지지를 받는 것은 회복에 큰 영향력을 끼친다. 가족도 상담과 심리치료를 받아 중독자를 이해하고 도울 수 있는 여유를 가져야 한다.

처방약에 주의해야 한다

마약중독 치료를 하고 나서 약물에 대한 갈망을 해결하기 위해 다른 약을 처방받아서 먹는 경우가 많다. 진통제, 수면제, 항불안제 등 마약중독을 극복하려고 선택한 대체 약이라도 남용하면 마약중독과 같은 문제를 일으킬 수 있다. 일부는 해독제에 중독되기도 한다. 해독제에 중독되지 않으려면 혼자 임의로 복용하는 것이 아니라 반드시 의사에게 진료를 받아야 한다.

생활환경을 바꾸는 것만으로 마약에 대한 갈망을 상당 부분 줄일 수 있다

함께 마약을 했던 사람이나 장소, 상황 등 마약에 대한 유혹을 일으킬 수 있는 요인들을 제거해야 한다. 술, 클럽, 마약을 하는 친구들과 관계를 끊으면 습관적으로 마약을 찾지 않게 된다. 마약을 쉽게 구할 수 있는 환경을 멀리하는 것도 중요하다. 더 나아가 회복을 도울 수 있는 건강한 친구들과 어울려 공부하고, 종교나 시민단체에 가입하거나 지역행사에 참여해 자원봉사를 하며 여가 시간을 보내는 것도 좋은 방법이다.

취미 활동을 시작한다

평소 하고 싶었던 일을 시작하거나 반려동물을 입양해 돌보는 것도 좋다. 반려동물과 함께 산책이나 운동을 하면 건강한 생활습관을 가지게 되고 책임감도 생긴다.

의미 있는 목표를 설정한다

열정적으로 매달릴 수 있는 목표와 희망이 있다면 약물에 대한 갈망을 줄이는 데 많은 도움이 된다. 목표가 무엇인지는 중요하지 않다. 목표를 이루기 위해 집중할 때만큼은 약물에 대한 갈망을 잊게 된다.

평소 건강관리에 신경 쓴다

몸이 건강해야 정신도 건강해진다. 규칙적인 수면과 운동 그리고 건강한 식습관은 좋은 에너지를 이끌어내며 스트레스를 줄여서 약물에 의존하지 않는 생활 습관으로 이어진다.

위의 열 가지를 실천하면서 노력한다면 중독치료 성공률도 높아지고 오랫동안 약을 끊고 생활할 수 있다. 많은 노력에도 불구하고 약물에 대한 갈망을 참지 못하고 재중독으로 이어지는 경우가 있다. 하지만 재중독을 실패로 여기고 실망하는 것이 아니라 회복되는 과정으로 보아야 한다. 재중독되면 실망과 좌절, 고통으로 더욱 힘든 시간이 되겠지만 실수를 통해 배우는 것도 있다. 추가적인 중독 유발 요인을 찾아내고 치료 과정을 수정하는 기회가 되어 중독치료의 성공률은 조금씩 더 높아진다.

약물 해독제, 알고 사용하자

해독 과정의 부작용과 금단증상

마약중독에서 벗어나기 위한 첫 단계에서 하는 것이 해독치료다. 몸에 남아 있는 마약(불법 마약 또는 처방받은 마약)을 해독제를 주입해서 완전히 빼내는 과정이다. 마약, 과다복용 약물, 담배, 카페인 중독에도 해독제가 사용된다. 위급한 중독 상황에서는 현장에서 1회용 스프레이 형식의 '날록손'을 쓰기도 한다. 병원이나 치료시설에서는 '날트렉손'을 조절해 가며 상담과 행동치료를 병행한다.

마약 종류와 투약 기간, 중독자의 신체적 심리적 특징에 따라 해독제의 종류와 사용 방식이 다르다. 해독하는 데는 평균 7~10일 정도 걸리는데, 일부는 한 달이 걸리는 경우도 있다. 따라서 반드시 전문 의료진의 처방과 관리를 받으면서 해독 과정을 거쳐야 신체적, 정신적 부작용을 최소화할 수 있다.

먼저 중독자 개개인에 대한 정확한 진단을 통해 그동안의 병력과 중독에 대한 세부 사항들을 수집하고 그것을 기초로 해독 계획을 세운다. 더욱이 마약에 중독된 뇌는 해독 과정에서 중단된 약물을 갈망하면서 금단 증상을 일으킨다. 신체적으로 약하고 정신적으로 힘든 상황이기 때문에 몸을 해치지 않고 어려운 과정을 잘 마칠 수 있는 중독 재활 프로그램을 선택하는 것도 좋다.

해독 과정에서 중독된 약물을 끊었을 때 일어나는 금단 현상은 신체와 정신 모두에서 나타난다. 금단증상은 중독 약물을 끊은 후 6~12개월까지 지속되기도 한다. 신체적인 금단증상은 메스꺼움, 설사, 구토, 떨림 현상, 식은땀, 콧물, 고열 및 오한, 심박수 증가, 혈압 상승, 두통, 복통, 근육과 뼈의 통증, 탈진, 알레르기 증상(얼굴, 입, 코, 목구멍 붓기), 생생하고 불쾌한 꿈틀거림(피부에 벌레가 기어 다니는 듯한 느낌) 등이다.

심리적으로 나타나는 금단증상은 자극성, 근심, 혼란, 편집증, 수면장애, 우울증, 선동, 집중 불능, 극도의 기분 변화 등이며, 심각한 경우 환각이나 섬망과 발작 증상을 보인다.

해독과 관련된 잔여 효과는 매우 오래 지속될 수 있다. 그 과정에서 기억력 저하와 서툰 행동, 현기증, 두통, 과수면 또는 불면증, 자극성, 기분 전환, 우울증, 불안감, 약물 유발 심중, 이 악물기, 선명한 꿈, 동요, 식욕감퇴 등이 나타나기도 한다. 환자들은 마약에 의존하지 않고 일상생활을 해나갈 수 있도록 인내심을 가지고 치유해야 한다.

해독제, 안전하게 사용하는 법

마약중독에서 벗어나는 데 도움을 주는 해독제에 대해 알아보자. 대표적으로 날록손, 날트렉손, 서벅슨이 있다.

날록손

날록손(Naloxone)은 급성 마약중독에 사용하는 해독제로 비강 스프레이 형태이다. 경찰, 소방대원, 응급요원들이 상비하고 있다가 응급 상황에서 사용한다. 효과가 빨라서 위급한 중독자의 경우 생명을 구할 수 있다. 이 약물을 사용하는 데 특별한 교육이 필요하지는 않다. 약물과다 복용으로 긴급한 상황에서 1회 사용하고, 상황을 지켜본 다음 2차 투여하거나 다른 응급처치가 필요한 경우도 있다.

부작용으로 흉부 통증, 발작, 알레르기 반응, 호흡 곤란, 얼굴과 입술 그리고 혀가 부어오르기도 한다. 날록손을 사용하고 토하거나 몸을 격렬하게 떨거나 땀을 흘리기도 하고 주사를 맞은 피부나 손과 발에 통증을 호소하기도 한다.

2019년 미국에서는 한 해 동안 7만 2,000명이 마약과 약물과다 복용으로 사망했다. 이것은 전년도 대비 5% 이상 증가한 수치라고 한다. 주요 약물로는 합성오피오이드, 메타돈, 헤로인, 코카인, 혼합약물로 알려졌다. 일부 전문가들은 날록손이 헤로인과 처방받은 약물 남용을 조장한다는 이유로 반대하기도 한다. 하지만 위급한 상황에서 생명을 구하는 사례가 많아 경찰, 소방대, 응급요원들이 항상 구비해 사용할 것을 권한다.

날트렉손

날트렉손(Naltrexone)은 급성 마약중독과 처방약, 알코올중독 치료를 위해 미국식품의약국에서 승인받은 해독 약품이다. 날트렉손은 하얀 알약으로 의사에게 최소 7~14간 내에 사용한 약물들을 이야기하고 치료를 시작하기 10~14일 전에 중단하기를 권한다.

의식 상실이나 사망을 초래할 수도 있고 부작용과 금단증상이 나타날 수 있으므로 의사의 지시에 따라 적은 용량부터 시작하고 2~3일이 지나면 100~150mg으로 늘린다. 의사의 승인 없이 복용량을 늘리거나 자주 복용해서는 안 된다.

날트렉손은 마약중독에 의존하는 뇌의 갈망(행복감, 통증 완화)과 충동, 욕구를 줄이는 작용을 한다. 부작용으로 피부 발진, 복통, 흐릿한 시야, 통증, 타는 듯한 눈, 부어오른 눈, 흉통, 환각 또는 환청, 귀가 울리거나 윙윙거리는 소리, 얼굴과 발 또는 하퇴부 부기 등이 있다. 메스꺼움, 두통, 변비, 어지러움, 신경질, 불면증, 졸린 증상, 팔다리 통증, 위통, 피곤함, 변비, 설사, 갈증, 식욕 부진 등이 나타난 경우에는 의학적 치료가 필요하지 않다. 이러한 부작용은 자주 일어나지 않는다. 날트렉손을 사용한 사람들의 10% 정도가 메스꺼움을 경험한다고 한다.

서벅슨

서벅슨(Suboxone)은 부프레노핀(Buprenorphine, 진통제 효과)과 날록손의 두 가지 기능이 복합된 마약중독 치료제다. 두 약물의 효과로 서서히 마약에 대한 의존도를 낮추는 효과가 있다.

필름 형태의 서벅슨은 하루 1회 사용하며 혀 아래나 잇몸과 볼 안쪽에 붙이는 방식이다. 필름과 알약 모두 약물해독 치료에 사용된다. 필름 형태가 조금 빨리 녹아 사용 후 8분 이내에 용해되어 20~60분 후에 효과가 나타난다. 약물은 2~3시간 내에 최고치에 도달하며 효과는 72시간까지 지속되는데, 이때 금단증상이 가장 심하게 나타난다. 체중, 나이, 마지막 복용, 오남용 이력, 간 건강 등을 고려해 의사와 상담한 후 적은 양부터 시작해 점진적으로 양을 늘려가는 것이 안정적이다.

신체적인 증상은 대부분 해독이 시작되는 3일 동안 나타나며, 첫 주에는 불면증과 급격한 기분 변화, 몸살과 함께 전신 통증이 생겼다 가라앉는다. 둘째 주가 시작되고 1개월 이내에 나타나는 대표적인 증상은 신체적인 것보다 우울증이다.

서벅슨은 교육과정을 거쳐 별도의 면허를 받은 의사가 처방할 수 있고, 대개는 통증 전문 의사들이 취급한다. 약한 마약 효과라도 느끼고 싶어 서벅슨을 계속 과다복용할 수도 있는데 다행히 중독성이 강하지 않다.

가장 대표적인 부작용은 메스꺼움, 어지러움, 오한, 기침, 두통, 빠른 심장박동, 요통, 근육통, 콧물, 집중력 저하, 불안, 불면증 등이다. 드물게 나타나는 증상으로 간질환, 실신, 심각한 알레르기 반응(호흡곤란, 얼굴, 입술, 혀, 목구멍 부기), 주의력 방해, 얕은 호흡, 부신부전, 의식상실, 저혈압 등이 있으며, 이런 증상이 나타난 경우 반드시 의사에게 진료받아야 한다.

〈참고〉

• Camille Peri, 'Treating a Drug Overdose With Naloxone', 〈WebMD〉, 2022. 8. 26.

나에게 맞는 재활센터는 어디일까

나에게 맞는 곳을 선택해야 성공률도 높다

마약중독자들이 어렵게 치료받기로 결정하고 나면 어디로 가야 할까, 재활치료 비용은 어떻게 마련해야 하는가 하는 현실적인 문제에 맞닥뜨린다. 중독치료는 한 번으로 성공하는 경우가 드물고 장기적으로 입소와 퇴소를 반복하다 보면 비용이 늘어난다. 개인이 가입한 보험으로 혜택받을 수 있는 곳이나 무료 재활치료 시설을 이용하면 비용도 절감하고 마음 편하게 치료받을 수 있다. 경제적인 부담이 줄어드는 만큼 성공 확률도 높아진다.

미국중독의학협회(ASAM)는 5단계로 나누어 중독 상태를 진단하고 적합한 치료를 제안한다. 0.5단계는 조기 개입 서비스, 1단계는 외래환자 서비스, 2단계는 집중 외래 서비스, 3단계는 주거 및 입원 서비스, 4단계는 입원해 고강도의 집중적인 치료를 받는다.

ASAM의 공인된 의료 서비스는 바른 진단과 알맞은 치료를 진행해 효과가 높다고 한다. 그러나 많은 사람들이 마약과 약물을 과다복용한 위급 상황이나, 마약을 하고 정신적인 문제를 일으킨 상황에서 응급치료가 끝나면 일상으로 돌아간다. 집으로 돌아가서 어떻게 하느냐에 따라 성공을 이어갈 수도 있고 재발로 이어지기도 한다. 치료를 위해 입주나 입원을 할 경우 비용 부담 때문에 선택하기가 쉽지 않다.

미국의 비영리단체에서 운영되는 이색 무료 시설들은 다음과 같다.

에이미 와인하우스 재단(Amy Wine house Foundation)

중독을 극복하고자 하는 18~30세의 젊은 여성들을 위한 회복 시설을 직접 후원하는 자선단체이다. 마약과 알코올중독, 가정학대, 투옥과 싸우는 여성들에게 증거 기반의 행동치료를 제공한다.

To Write Love on Her Arms(TWLOHA)

중독, 우울증, 자해, 자살 충동을 겪고 있는 사람들에게 도움을 주기 위해 헌신하는 민간 비영리단체다. 2007년에 설립된 이래 치료와 회복 프로그램을 직접적으로 후원하기 위해 수백만 달러를 모금해왔다.

Rosecrence 치료센터

어린이와 청소년 및 성인까지 중독치료를 돕는 단체로 시카고, 일리노이 북부, 위스콘신, 아이오와 전역에 60개 이상의 재활치료센터를 운영하는 대형 비영리단체다. 청소년들을 위한 프로그램이 다양하고, 상담과 보호를 받는 '청소년 중독회복 프로그램'을 운영하고 있다. 최신 연구 결과를 토대로 정신건강 및 행동치료 등을 실시하고 있으며, 넓은 자연환경 속에서 음악, 예술, 원예요법 등을 활용해 청소년에게 맞는 마약중독 치료를 하고 있다. 특히 진단을 받은 10대를 위한 복합치료가 있고, 1차 진료를 마친 청소년들이 가정과 같은 환경에서 약물 없이 독립적인 생활을 할 수 있다.

구세군(Salvationarmy USA)

마약중독자들의 임시치료소를 운영하고 있다. 미국 내에서 가장 큰 중독치료 프로그램을 운영하는 곳이다. 현재 미국 전역에 119개의 성인재활센터에서 신앙을 바탕으로 알코올 및 약물에서 벗어날 수 있는 재활 프로그램을 제공한다. 무료 프로그램에서는 숙식, 단체 및 개인 상담, 영적 방향, 고용, 그리고 삶의 기술 개발 등이 이루어진다. 필라델피아에서도 마약을 하다가 길거리에 쓰러져 응급처치를 끝낸 후 재활시설로 입소하기를 희망하는 사람, 약물로 가정에서 폭행과 폭력 등을 행사해서 문제가 된 사람들이 치료받기를 희망하면 이곳으로 인계하기도 한다.

이외에도 고급 휴양지에 최고급 시설을 갖춘 곳, 간단하게 해독만을 지원해 주는 시설, 전문 의료진과 상담사, 치료사가 대기하고 있는 곳, 수많은 중독자를 치료한 경험이 많은 곳, 출퇴근하면서 치료받을 수 있는 곳 등 다양하다.

기독교 재활 프로그램은 임상치료와 기독교적 가치에 대한 가르침을 통합해 치료를 진행한다. 신앙에 기반을 둔 재활치료는 힘든 중독치료를 이어나가며 신실한 믿음을 바탕으로 미래에 대한 희망을 가질 수 있다.

다양하게 선택하는 치료 시설들

입원치료 센터

국립과 주립 재활치료 센터는 많지 않지만 경비(의료보험, 개인 지불, 기타 후원) 지불 방법을 다양하게 마련해두었고, 치료비 마련을 위한 상담 서비스도 제공한다. 온라인으로 검색하면 거주 지역과 가까운 곳에도 재활센터가 많이 운영되고 있다. 산이나 바다를 끼고 있는 요양하기 좋은 재활치유 센터도 많다.

오래된 치유센터 중 하나인 데이톱 마약중독재활센터(Daytop Drug Addiction Rehab Center)는 뉴욕에서 1963년부터 마약중독 재소자들의 재활을 돕기 위해 시작되었다. 현재 뉴욕과 뉴저지에 10곳이 운영되고 있다. 데이톱은 입원환자, 외래환자 그리고 방문환자를 위한 재활훈련 프로그램을 운영하고, 마약중독자 치료와 회복된 사람들의 모임을 이끌어 장기적인 성공을 이끌고 있다.

재활 프로그램은 낮 시간(1일 7~6시 사이, 주 3~5일) 동안 치료받고 밤에 귀가하는 외래환자 프로그램, 24시간 재활치료 센터에 입원해 집중 치료와 관리를 받는 입원환자 프로그램으로 나뉜다. 재활치료 기간에 따라 단기재활 프로그램(30일)과 장기재활 프로그램(60일, 90일, 120일)으로 구분된다. 이곳의 프로그램은 서울 용산에서도 운영하고 있다.

한국 정부에서 운영하는 국립병원으로는 대표적으로 창녕에 소재한 부곡정신병원에서 중독자를 위한 치료센터를 운영하고 있고, 전국적으로 21개 병원에서 재활치료를 받을 수 있다. 한국마약퇴치운동본부에서 운영하는 치료 프로그램은 최대 12개월까지 입소해 치료받을 수 있는데 비용은 무료부터 입소자의 수입에 따라 일정 부분 부담하는 방식이다.

단기치료 센터

낮 시간 동안 집중적으로 서비스를 받는 프로그램은 개인 상담, 그룹 상담, 가족치료 등이 진행된다. 정신상담과 의료 서비스를 받으며 필요에 따라 약물보조 치료를 한다.

외래환자 치료는 집과 재활치료 센터를 오가면서 독립적으로 진행해나갈 수 있는 프로그램이다. 외래환자의 약물 치료 기간은 일주일에서 몇 개월까지 이어지기도 하고 드물게는 몇 년 동안 지속되는 경우도 있다. 대부분 한 달 정도 계획을 세우며 주 2~3회 내원하는 경우 3~6개월씩 치료받기도 한다.

공동체생활 치료센터

LA 나눔선교회는 마약, 알코올, 도박, 청소년 문제 등으로 힘들어하는 이들의 삶을 회복하도록 돕는 선교기관이다. 단계별 프로그램을 통해 올바른 가치관 형성과 정서적 교육을 지향하며 긍정적인 사고를 가지고 건전한 사회인으로 회복시킴으로써 교포 사회에 중요한 역할을 하고 있다.

이곳에서는 입주 프로그램을 운영하며 24시간 공동체 생활을 한다. 개인 상담과 그룹 상담, 성경 나눔, 기도와 찬양 등의 시간이 있다. 이외에도 치유를 위한 정서적 교육과 중독을 이겨내기 위한 예체능 활동, 자녀의 중독회복을 위한 부모 교육과 예방 교육 등을 다양하게 지원한다.

경기도 남양주에 위치한 경기도 다르크(Drug Drug Addiction Rehabilitation Center)는 사단법인 한국다르크협회에서 운영하며 서울과 경기 지역에 2곳이 있다. 일본에서 시작된 다르크 단체는 약물중독자들이 모여 함께 생활하며 치료와 재활 프로그램을 병행해나가는 시설이다. 다르크 재활센터가 다른 곳과 다른 점은 기독교 신앙을 기초로 재활치료를 진행하며 복음을 접하는 과정이 필수라는 점이다.

심각한 중독자들은 약물집중 치료와 함께 장기 프로그램에 참여해야 성공률이 높아진다. 치유 기간이 길수록 성공률이 높은 것으로 나타나고 있다. 중독자의 특성에 특화된 재활 프로그램을 선택한다면 치료 효과를 더 높일 수 있다. 청소년의 특성을 고려해 장래를 위한 학습까지 고려한 프로그램, 퇴역군인 재활센터(VA 혜택, VA 병원), 장애인 재활센터, 임산부와 신생아 재활센터 그리고 성소수자(LGBT)의 특성을 고려한 재활 프로그램도 있다.

바쁜 직장인이라면 몸을 치료하는 것뿐 아니라 정신상담을 함께 진행할 수 있는 재활 프로그램을 선택하는 것이 좋다. 마약 문제와 함께 발생하는 정신장애를 해결하기 위한 공격적인 치료 프로그램도 있다.

〈참고〉

- Rosecrance, 'Teen Recovery Services', https://rosecrance.org/addiction-treatment/teens/

같은 경험자들의 지지와 응원은 힘이 된다

함께 이겨낼 수 있는 힘

N.A.는 단약을 유지하며 서로에게 도움을 주기 위해 정기적으로 모이는 마약 의존자의 회복을 위한 자조모임이다. 약물과 중독 문제를 안고 있는 사람들의 모임을 운영하는 비영리단체로 전 세계에 설립되어 있다.

N.A. 12단계 프로그램은 알코올 중독자(AA, Alcoholics Anonymous) 회복을 위한 프로그램을 응용한 것이다. N.A. 모임에 참석하려면 먼저 마약을 중단하겠다는 의지가 있어야 한다. 'N.A. 12단계 프로그램'은 공동의 문제를 가진 사람들이 삶의 방식을 바꿔 회복 상태를 계속 유지하고 성장과 변화를 이끄는 과정이다.

한 번의 마약 해독이나 단약을 선언하는 것으로 중독치료가 완성되는 것이 아니다. 약물을 절제하는 과정에서는 견디기 힘든 시간을 자주 맞닥뜨리게 된다. 이럴 때 N.A. 회원에게 연락해 자신의 문제를 터놓고 서로 비슷한 경험을 이야기하면서 효과적인 방법을 이끌어낼 수 있다.

N.A. 모임은 몇십 명이 모이는 큰 모임부터 몇 명의 소그룹 모임까지 다양하다. 주로 교회나 지역 주민센터 강당에 모여 간단한 인사를 나누고 자기소개를 하는 것으로 모임이 시작된다. N.A. 모임의 진행 방식도 다양하다. 대부분의 모임에서 모두가 공유할 만한 N.A. 자료를 발표하는 시간을 가진다. 그다음 자기소개를 하고 단약 기간이 얼마나 되었는지 이야기하며 축하하기도 한다. 또 단체 기도문, 평화의 기도문을 읽은 후 왜 모임에 참석했는지, 어떻게 이겨내고 있는지 등을 이야기하며 서로를 지지하고 위로한다.

일주일 동안 생활하면서 유혹받은 것과 경험, 각오, 희망 등을 나누고 싶은 사람이 발표할 수 있는 시간도 마련한다. 참석한 사람들이 이야기를 공유하고 나면 마지막으로 공지 사항을 안내한 다음 함께 손을 잡고 기도문을 외우고 마친다.

그 밖에 전문 직업인이나 기업임원, 여성과 임산부, 청소년, 의료전문가, 성소수자 등의 모임들은 각 집단의 고유성을 가지고 있다. 치료 프로그램을 연결하는 그룹과 학습을 지원하는 그룹, 복지 업무를 지원하는 그룹 등이 모여 서로의 정보를 공유하고 지지한다.

N.A. 모임에 참가하고자 한다면 한국(nakorea.org), 미국(NA.org) 사이트에 접속해 그룹, 요일과 시간을 확인한 다음 참석 의사를 알리고 모임에 참여하면 된다.

효과를 증명한 N.A. 12단계 프로그램

마약중독자가 회복 상태를 계속 이어가고자 할 때 12단계 프로그램을 활용하는데, 이행 과정이 쉽지 않지만 그만큼 도움이 된다. 이 프로그램은 기독교 정신을 바탕으로 진행되는데, 초기 치료 단계를 어렵게 마치고 나면 책임감과 목적의식을 가지고 단약을 이어가게 한다. N.A. 모임에 참석하는 사람들과 교제하면서 서로의 지지와 격려를 이끌어낸다. 마약중독에서 회복한 사람들은 자신의 앞선 경험을 회복 중인 사람들에게 공유하며 더 많은 성공 사례를 이끌어낸다.

1, 2단계는 순서대로 진행되지만 나머지 단계는 높은 단계로 나아가다가도 다시 낮은 단계로 이동하기도 한다.

1단계, '무력함의 수용'은 파괴적 충동을 조절할 힘이 없음을 인정하며, 그 충동을 따를 때 우리의 삶은 감당하기 힘들어진다는 점을 받아들이는 것이다. 자신이 중독자라는 것을 인정하기가 쉽지 않다. 자신의 삶이 바닥으로 떨어졌음을 고백하는 것이 치료의 시작이다.

2단계, '겸손의 의미'를 이해하는 것으로 우리보다 더 위대한 존재만이 우리를 올바른 정신으로 이끌 수 있음을 인정한다.

3단계, '전적인 신뢰'는 우리보다 위대한 존재가 있어 자기 의지만으로는 중독에서 벗어나기 어려움을 받아들이는 것이다. 우리의 의지와 삶을 하나님의 보살핌에 맡기기로 결정한다. 전적인 신뢰 가운데 자신의 회복을 위해 자신을 의탁하는 것이다.

4단계, '도덕적 검토'는 우리 자신에 관해 두려움 없이 관찰에 의거한 목록을 만드는 것이다. 사회와 가정, 주변 사람들의 문제로 보는 관점에서 벗어나 자신에게도 문제가 있음을 인정하고 살핀다.

5단계, '정직한 고백'은 자기 잘못을 하나님, 우리 자신 그리고 다른 사람들 앞에서 인정하는 것이다. 그동안 중독으로 인해 자신과 가족, 주변 사람들을 수없이 속여왔으나 이제는 정직하게 털어놓고 치료를 받아들일 마음의 준비를 한다.

6단계, '완전한 준비'는 성격적 결함들을 하나님께서 제거해 주길 전적으로 맡기는 것이다. 중독은 한순간이나 일시적인 결심이 아닌 바르지 못한 행동의 패턴이라는 것을 직시하고 어린아이 수준에서 성인으로 성장한다.

7단계, '간절히 청함'은 하나님께 우리의 결점을 제거해 주길 간구하고 새 생활을 시작하는 것이다. AA회복 12단계 프로그램은 중독자가 주체가 아니라 '주님께서'라고 고백하고 도움을 간절히 요청한다.

8단계, '보상할 용의'는 우리가 상처 입힌 모든 이들의 목록을 만들어 그들 모두에게 사과하고 보상하고자 하는 것이다. 중독자 자신이 저지른 실수를 고백하고 사랑하는 사람들에게 상처를 주고 마음을 아프게 한 것에 대해 용서를 구한다.

9단계, '보상의 실천'은 잘못을 고치고 선을 행하며 모든 일에 성실하게 하나님과 동행하는 것이다. 해를 끼친 사람들에게 말로만 사과하는 것이 아니라 진정으로 용서를 구하고 보상을 한다.

10단계, '시인의 일반화'는 자신이 중독자임을 고백하고 잘못한 것을 목록으로 만들어서 잘못을 저질렀을 때 즉시 인정하는 것이다. 한 번으로 치유되는 것이 아니기 때문에 지속적으로 잘못을 시인하고 고백해야 한다. 자신은 치유의 과정에 있음을 고백하는 것이 필요하다.

11단계, '의식적 접촉'은 기도와 명상을 통해 하나님과 의식적인 접촉을 구하고, 우리에게 주어진 하나님의 의지를 알기를 기도하고, 그 의지를 실행할 능력을 간구하는 것이다. 의식적으로 신에게 의지해 회복을 경험하는 단계다. 중독자가 회복되려면 자신을 창조한 분에게 돌아가야 한다. 신앙인이 아니어도 묵상을 통해 놀라운 치유를 이끌어낼 수 있다.

12단계, '영적 각성과 메시지 전달'은 영적으로 깨어나 그 소식을 다른 사람들에게 전하고 우리의 모든 일에 이 원리를 실천해나가는 것이다.

중독자는 12단계를 거치면서 기쁨과, 행복, 자유를 맛보게 되어 진정한 회복으로 나아가게 된다. 정신적, 내면적, 영적 변화를 통해 삶을 바꿀 수 있다.

가장 가까운 가족부터 이해하자

아는 만큼 지지하고 지원할 수 있다

2018년 기준 12세 이상의 미국인 중에서 11.7% 이상이 약물 문제로 고통받고 있다고 한다. 사랑하는 자녀나 가족이 마약에 중독되면 이루 말할 수 없는 고통과 어려움에 처하게 된다. 중독자들은 자신의 몸과 마음이 망가지는 것뿐 아니라 외부적인 문제를 일으키게 되므로 챙겨야 할 일이 많다.

마약중독자는 마약을 한다는 것을 감추기 위해 거짓말을 자주 하게 되고 끊임없는 변명과 핑계로 실망을 안겨준다. 정상적인 대화를 나눌 수 있는 정신 상태가 아니기 때문에 거친 말로 상처를 주고받게 된다. 중독이 점점 심각해지는 경우 폭력적인 행동으로 인해 가족들은 마음의 상처와 함께 신체적인 피해를 입기도 한다. 따라서 상처받고 신뢰가 무너진 가족들도 상담과 치료가 필요하다. 대부분은 마약과 중독자의 특성을 이해하지 못하기 때문에 무엇을 어떻게 도와야 할지 모른다. 중독으로 인해 나타나는 증세와 행동은 무엇이 있는지 모르니 상대에 대한 오해만 더 커질 뿐이다.

배우자가 마약중독인 경우에는 자신이 잘못했다거나 도움을 제대로 주지 못해서 생긴 일이라고 자책하며 더욱 힘들어한다. 또 일부는 중독된 배우자에게 폭행과 폭력을 휘두르는 사람도 있다. 이처럼 폭언과 폭행으로 서로에게 깊은 상처를 남긴 끝에 포기하는 가족들이 많다.

약물중독으로 나타나는 가장 흔한 문제 행동들은 가족들에게 거짓말하기, 가족의 물건 훔치기, 무책임한 행동, 불안정한 직업, 경제적인 문제, 변덕스러운 기분 등이다. 중독자가 맡았던 책임들을 다른 가족들이 떠맡는 상황이 길어지면서 몸과 마음이 지치고 급기야 불만이 폭발한다. 가족들은 중독자들의 끊임없는 변명과 거짓말을 의심하면서도 믿고 따라갈 수밖에 없다. 이 같은 이유들로 인해 가족들이 중독자를 이해하고 지지한다는 것은 결코 쉬운 일이 아니다.

중독자를 위해서는 가족들의 지원이 생활 전반에 걸쳐 이루어져야 한다. 이때 경제적 지원과 심리적 지원이 가장 중요하고 많은 부분을 차지한다. 중독자를 제대로 지원하기 위해서는 가족이 마약에 대해 제대로 이해해야 한다. 가족 모두 상담을 받으면서 깨진 신뢰를 회복할 때 치료가 시작된다. 중독자 가족의 상담과 마약에 대한 이해는 가족의 정신적 육체적 안녕을 살피는 일이기도 하다.

남은 가족들이 받는 정신적인 스트레스와 고통을 최소화해서 그들이 건강하게 살아갈 수 있는 환경을 마련하고 중독자를 지지하고 도울 수 있는 힘을 기르는 일이다. 마약에 대한 이해를 통해 중독자의 상태를 올바로 알게 되면 외부에서 필요한 지원을 받을 수 있으므로 가족들의 부담을 상당 부분 줄일 수 있다.

마약중독자의 특성을 알고 어떻게 치료할 것인지를 계획한 다음 외부의 지원을 받을 수 있는 방법을 적극적으로 찾아보고 도움을 요청하는 것이 좋다. 가족이 모든 것을 책임지고 지원하기는 힘들다. 변호사 선임 비용이나 경제활동을 하지 못해서 가족의 수입이 줄어드는 부분은 정부의 사회복지 자원을 적극적으로 활용해서 생계의 부담을 해결하고 장기 치료를 통해 성공률을 높여야 한다.

경제적으로 어려운 상황에 놓이면 정부의 사회복지 서비스로 제공되는 경제적 보조 비용, 의료보험, 식품 구매를 위한 쿠폰, 난방비 지원 등을 알아보고 지원받는 것이 좋다. 특히 정부의 의료보험(메디케어, 메디케이드 보험)으로 재활치료를 받으면 장기간 진행하더라도 가족들이 감당해야 할 경제적 부담이 상당 부분 줄어든다.

중독자의 마음을 지켜주는 가족

마약으로 인해 경찰에 검거되는 경우에도 가족의 지원과 지지가 절대적으로 필요하다. 미국은 일반 변호사나 국선변호사를 선임해 마약재판소에서 재판을 받는데 마약 판매나 소지 등에 따라 형량이 달라진다. 재판이 진행되는 동안에도 치료와 봉사활동을 하면 형량을 줄이는 데 도움이 된다. 이 활동도 가족들의 적극적인 지원과 이해가 필요한 부분이다. 검거되지 않은 상태에서 마약중독 치료를 받는 경우는 극히 드물다. 검거 후 재판을 받으면 행정명령에 의해서라도 치료를 받아야 하기 때문에 마약중독이 더 심각해지기 전에 치료받을 수 있는 기회다.

몽고메리카운티 지역의 마약재판소에서 운영하는 마약중독자 재활 프로그램은 신청하고 4~6개월 정도 기다려야 할 만큼 많은 사람들이 치료받기를 원하고 있다. 이 프로그램은 최소 18개월 이상 소요되며, 각 레벨의 기준을 철저하게 통과해야 다음 단계로 넘어간다. 각 단계는 기본적으로 3~4개월 소요되며 평가 기준에 도달하지 못하면 몇 개월 더 소요되기도 한다. 전 과정을 마치고 졸업하는 비율이 60%가 넘을 만큼 높은 회복률을 보이는 아주 성공적인 프로그램이다.

프로그램을 성공적으로 마칠 수 있도록 지지하고 돕는 것 또한 가족이다. 가족의 지지와 도움은 마약중독 회복에 절대적으로 필요하다. 20여 개 주에서는 성인의 경우 당사자가 치료받지 않겠다고 해도 가족의 동의만으로도 치료받을 수 있다.

특히 가족들의 지지는 심리적으로 큰 위로와 힘이 되어 마약중독 치료를 성공적으로 이끌어내는 데 가장 중요한 역할을 한다. 가족들이 먼저 마약중독자의 특성과 마약의 위험을 알고 있으면, 점점 더 피폐해지는 것을 지켜보지 않고 치료를 받도록 적극적으로 설득해서 입원을 권유할 수 있다.

중독된 가족을 이해하고 응원하기란 여러 가지로 조심스럽고 힘든 일이므로 세심하게 접근해 지속적으로 이어가야 한다. 마약중독자의 행동 특성을 이해하고 그에 걸맞은 공감, 지지, 사랑, 친절한 마음을 보일 때 마음의 문을 열고 변화를 이끌어내기가 쉽다. 재활치료를 하는 동안 가족 모임을 함께하는 것도 중요한 부분이다.

재중독 예방의 핵심, 트리거 관리

무엇이 약을 찾게 만드는가

트리거는 '방아쇠'라는 뜻으로, 총의 방아쇠를 당기면 총알이 튀어나가는 것과 같이 특정한 생각과 행동을 이끌어내는 모든 자극을 말한다. 파블로프의 고전적 실험에서 강아지가 고기를 먹기 전 벨 소리를 내면 강아지는 동일한 벨 소리만 나도 침을 흘리기 시작한다. 벨 소리는 보상(음식)이 주어진다는 것으로 인식한 것이다.

중독자가 마약을 투약하면서 했던 행동들(술, 음악, 놀이)이 생각나고 다시 마약을 찾게 되는 요인을 '트리거'라고 한다. 트리거를 어떻게 관리하고 차단하느냐에 따라 재활치료와 단약이 오랫동안 이어지거나 실패로 돌아간다. 트리거는 이전의 좋았거나 나빴던 기억들을 바탕으로 무엇인가에 대한 감정적 반응을 경험하는 것이다. 트리거는 사람, 향기, 장소, 유해 물질이나 격렬하고 산만한 감정이 될 수도 있다. 감정적으로 힘든 고통, 분노, 좌절을 강하게 자극하는 장소 등이 떠오르면서 문제가 되기도 한다.

트리거가 자주 발생하거나 대처하지 못하면 큰 피해로 이어질 수 있고 심한 경우 자살 충동을 일으키기도 한다. 성장하는 동안 학대받으며 자란 아이는 사람들의 말다툼과 싸움을 볼 때 불안감을 느끼는 경우가 많다. 가족 간에 갈등이 발생했을 때 두려움을 느끼거나 방어 체제로 돌입해 맹렬히 비난하거나 갈등으로부터 거리를 두기도 한다.

분노, 죄책감, 짜증, 낮은 자존감 같은 감정들이 소용돌이칠 때 밖으로 표출되는데, 마약으로 감정적 고통을 잊거나 현실의 문제를 회피하고자 한다. 트리거는 내부와 외부의 범주로 나눌 수 있다. 트리거를 일으키는 감정에는 수치심, 죄책감, 분노, 후회, 우울증과 불안감, 불일치, 통제력 상실, 실연, 실직 또는 슬픔, 스트레스 또는 두려움, 불안감 오해 등이 있다. 일상생활을 힘들게 하는 특정 장소(집, 거리, 도시), 광경, 냄새, 갈등, 공격성, 뉴스, 책 등을 통해 동일한 기억이 다시 떠올라 트리거가 되기도 한다.

건강하게 트리거를 관리하는 방법

트리거에 대처하는 가장 중요한 단계 중 하나는 '자각'하는 것이다. 자신이 어떠한 상황에서 트리거가 일어나는지 인식하고 받아들여서 훈련을 통해 관리한다면 충분히 이겨낼 수 있다. 많은 사람들이 트리거를 가지고 있어도 원인을 모를 수도 있고, 알아도 치료로 회복되거나 완화된다는 것을 모른 채 힘들게 살아간다. 괴로움을 유발하는 요인을 치료하면 트리거로 일어나는 문제를 줄일 수 있고 다른 힘든 사항들로 문제가 전이되거나 큰 문제로 발전되지 않도록 방지할 수 있다. 마약중독으로 어려움을 겪고 있는 사람들이 스트레스 상황과 충동을 조절하는 인지행동요법 치료를 통해 문제를 줄이고 재중독으로 되돌아가는 것을 예방할 수 있다.

다음은 트리거를 예방하는 다섯 가지 방법이다.

첫째, 재발의 큰 원인 중 하나인 스트레스를 관리한다. 마약중독과 싸우는 많은 사람들은 스트레스가 트리거가 되어 그것을 회피하기 위해 다시 마약을 찾는다. 스트레스를 받지 않고 살 수는 없지만 자신이 극심한 스트레스를 받는 상황을 피하고 스트레스를 관리하는 방법을 배운다.

둘째, 중독성 있는 행동과 연관된 사람과 장소를 멀리한다. 마약중독자들은 술을 마시고 담배를 피우거나 마약을 하지 않더라도 언제든지 특정한 장소가 트리거로 작용해서 재발할 수 있다. 마약이 생각나게 하는 사람이나 장소가 떠오르면 빠르게 대책을 강구해야 한다. 지속되는 생각을 끊고 몸을 쓰는 운동, 달리기, 반려동물 돌보기, 멘토나 가족들과 함께 식사하기 등 건강한 활동을 하는 것이 도움이 된다.

셋째, 자신의 감정 변화를 인식하고 관리한다. 일상에서 마약중독자가 치료받고 단약을 이어나가는 과정에서 느끼는 좌절감과 부정적 감정을 관리하고 이해할 필요가 있다. 일기나 명상, 기도를 통해 부정적인 감정을 정면으로 마주하면서 스스로에게 질문하고 기록하는 것이 중독으로 다시 이어지지 않는 데 도움이 된다. 자신과 마주하면서 일시적으로 안도감을 느끼면서 장기적으로 단약을 이어갈 수 있다.

넷째, 중독의 대상을 보고 감지하는 것이다. 중독으로 인한 부정적 경험과 상처 주고 깨진 관계, 순간의 즐거움과 쾌락 이후 고통과 후회로 이어졌던 날들을 회상하고 인정한다. 더불어 재활치료 후 새로운 삶으로 변화된 자신을 상상해 본다.

다섯째, 축하하는 모임과 파티에 참석했을 때는 조심한다. 약물치료를 마치고 나서 가족들의 생일과 무언가를 축하하는 자리, 휴가 기간과 같이 즐겁고 행복한 시간을 나눌 때 중독을 불러일으키는 트리거가 발생할 수 있다. 즐거운 시간을 더 누리고 싶은 마음에 술과 담배를 자연스럽게 권하기 때문이다.

중독자들은 각자의 트리거를 이해하고 관리하지 못하기 때문에 치료를 잘 마치고도 쉽게 재발된다. 마약에 대한 유혹이 있을 때 어떻게 처리할 것인지를 상담사와 치료사와 함께 고민해 본다. 그 상황을 어떻게 대처할 것인지 대안을 찾아서 익히는 것이 트리거를 이겨내는 방법이자 재중독으로 이어지는 것을 막는 길이다.

스트레스는 어떻게 중독으로 이어지는가

스트레스는 없애는 것이 아니라 관리하는 것

우리는 날마다 크고 작은 스트레스를 받으며 살아간다. 스트레스는 긍정적인 결과를 가져오기도 하지만 많은 경우 부정적이고 나쁜 상황으로 이어진다. 스트레스는 외부에서 일어나는 사건이나 변화로 인해 몸에 반응이 일어나는 것으로 일회성으로 끝나기도 하고 지속적으로 이어지기도 한다. 학생들은 새 학기 첫 등교나 친구 관계, 시험, 클럽 활동 등에서 오는 스트레스가 있고, 부모와 형제 등 가족관계에서 스트레스를 받기도 한다. 성인들은 직장, 가정, 친구와 사회관계에서 오는 스트레스, 이혼, 질병과 죽음, 사고, 폭력과 테러 등에 의한 스트레스가 있다. 심각한 경우 외상후스트레스장애(PTSD)를 유발하기도 있다.

스트레스를 받으면 사람들은 마음과 신체에 변화가 일어난다.

심박수와 호흡이 빨라지고 혈압이 높아지며 신경이 날카로워지고 집중력이 떨어진다. 우리의 뇌는 스트레스 상황을 회피하려는 반응을 보이기도 한다. 만성적 스트레스는 건강을 위협하는데, 분노, 짜증, 적대감, 두통, 고혈압, 수면장애, 식욕과 체중 변화, 면역체계 기능 저하, 우울증 및 불안장애 등의 증상이 나타난다. 이러한 고통을 쉽게 벗어나는 방법으로 찾는 것이 바로 마약이다.

스트레스로 인한 괴로움을 줄이기 위해 마약을 찾다가 중독으로 이어진 사례들을 흔히 만날 수 있다. 대부분의 마약류 약품들은 도파민과 세로토닌 수치를 증가시켜 뇌 속의 보상과 쾌락중추를 자극해 안정감과 강한 행복감을 느끼게 한다. 처방받은 진통제, 헤로인, 벤조디아제핀(수면 보조제, 항불안제, 진정제, 안정제로 사용됨)를 복용하면 우울증과 심장박동, 혈압을 낮춰 일시적으로 진정되는 효과가 나타난다. 하지만 그러한 효과는 오래 지속되지 못하고 금단증상으로 더 스트레스를 받아 더 자주, 더 강한 약을 찾는 악순환에 빠진다.

마약을 장기간 투약하면 의존하게 되고 만성적 약물 사용은 오히려 스트레스를 더 악화시켜서 점점 마약에 대한 통제력을 상실하게 된다. 신체적 정서적인 건강에 치명적인 결과를 가져오는 중독은 결국 자신의 행동을 통제하지 못해 자신뿐 아니라 가족과 친구, 사회적 관계에도 문제를 일으킨다.

스트레스에 취약한 사람들의 특징

마약중독자는 특히 스트레스에 취약하다. 중독 치유를 하고 단약을 잘 이어가다가도 스트레스를 받으면 다시 약물을 찾고 재중독으로 이어지는 경우가 많다. 스트레스를 많이 받는 직업군에 있는 사람들은 마약으로 불쾌한 상황을 피하려 하는 경우가 많다. 만성적 스트레스에 노출되어 있는 사람들도 마약중독에 더 쉽게 빠져든다.

많은 사람들이 스트레스를 받으면 나타나는 신체와 정신적 반응이 비슷할 것이라 생각하지만 사람마다 스트레스를 받는 상황과 강도, 몸에 영향을 끼치는 정도가 다르다. 그에 따라 스트레스를 다루는 방법에도 차이가 있다. 스트레스를 건강하게 대처하는 기술을 배운다면 스트레스를 회피하거나 이겨내기 위해 마약을 찾는 횟수도 줄여갈 수 있고 단약도 성공적으로 이끌어갈 수 있다.

고려대학교 정신건강의학과 이민수 교수는 한 연구에서 "스트레스로 마약을 투약하다 중독되면 뇌세포가 영구적으로 바뀌고, 바뀐 뇌세포는 약물 없이 견딜 수 없는 상태가 되어 중독된 이후에는 스트레스가 증가할수록 더 악화시킬 수 있다"라고 했다. 중독된 뇌는 스트레스를 받으면 극도로 민감해지며, 만성적 스트레스로 변형된 뇌구조는 자극을 탐닉하도록 고착된다는 것이다. 스트레스와 중독은 긴밀하게 연결되어 있기 때문에 스트레스 관리는 재중독의 성공 여부를 가르는 중요한 요인이라고 해도 과언이 아닐 것이다.

스트레스에 대처하는 건강한 습관

첫째, 건강한 생활 습관으로 스트레스를 대처한다. 운동은 행복한 느낌을 주는 엔도르핀을 생성하기 때문에 스트레스를 해소하는 데 효과적이다. 충분한 수면으로 신체의 원기를 회복하고 적절한 영양 공급과 충분한 물을 마셔서 신체의 건강한 상태를 유지해 나간다면 스트레스를 낮추는 데 도움이 된다. 차분한 음악을 듣거나 연주하는 것과 함께 목욕을 하거나 마사지를 받는 것도 좋다. 요가와 명상을 통해 몸의 움직임을 느리게 하고 마음을 차분하게 비우면 예민해진 신경을 진정시킬 수 있다.

둘째, 정신적인 활동을 통해 스트레스에 대처한다. 삶의 긍정적인 부분을 찾아 감사할 내용들을 떠올려서 적어본다. 아침에 일어나 긍정적인 말로 좋은 에너지를 키워가면서 부정적인 생각을 줄여가는 것도 좋다. 일일 계획과 목표를 적어두고 우선순위를 잘 관리하면 일이 밀리거나 겹쳐서 생겨나는 스트레스를 줄이는 데 큰 도움이 된다.

셋째, 스트레스를 받는 이유를 적극적으로 파악한다. 스트레스를 받는 특정 시간이나 사람, 상황 등을 잘 파악한다면 스트레스가 불안과 위협이 되어 통제력을 잃는 일이 줄어든다. 완벽주의 때문에 스트레스를 받는 것인지, 자신이 해결할 수 없는 일에 매달려서 스트레스를 받는 것인지 현실적으로 생각해 본다. 아직 일어나지 않은 문제로 스트레스를 받고 있다면 일어날 확률이 얼마나 되는지를 파악해 본다. 타인의 부탁을 적당히 거절하는 것도 스트레스를 줄이는 데 도움이 된다.

넷째, 여유를 가지고 유머감각을 기른다. 스트레스를 해소하는 데 방해가 되는 것은 매사에 심각하게 생각하는 것이다. 크고 작은 일들과 상황에서 심각하게 생각하기보다 유머를 가지고 웃어넘기면 마음의 여유가 생긴다. 재미있게 많이 웃고 긴장을 풀 수 있는 프로그램을 보며 유머 감각을 기르는 것도 스트레스를 줄이는 데 도움이 된다.

빠른 회복을 돕는 건강한 식습관

몸이 무너지면 정신도 무너진다

마약에 중독된 사람은 누가 봐도 금방 알아차릴 수 있을 만큼 눈에 띄는 모습을 하고 있다. 어딘가 초췌한 모습, 초점 잃은 눈동자, 무슨 말을 하는지 알아들을 수 없을 정도로 횡설수설하는 모습, 거칠고 탁한 피부, 단정하지 못한 머릿결, 듬성듬성 빠진 치아 등 일상생활을 하는 사람과는 확연히 다르다. 심각한 정도로 마약에 빠지면 마약을 할 생각에만 사로잡혀 일을 할 수 없는 것은 물론이고 먹고 자는 일상의 일들조차 불규칙적이다.

먹는 것에 신경 쓰지 못하다 보니 몸에 필요한 영양소 공급이 제대로 이루어지지 않고 면역력이 떨어지는 것도 인식하지 못한다. 기본적인 활동을 하는 데 필요한 음식을 챙겨 먹기조차 어렵다. 좋은 영양식을 섭취해도 중독으로 인해 위 내막이 손상되어 흡수가 잘되지 못하는 경우가 많고 치아도 좋지 않아서 제대로 씹지 못해 식사를 하는 것 자체에 어려움이 많다. 필수영양소 부족으로 머리부터 장기까지 면역 저하가 빠르게 진행된다.

외형적으로는 마약에 취해서 넘어지거나 부딪치고 긁혀서 다치는 경우가 많다. 중독은 영양실조와 함께 여러 가지 질병으로 이어져서 외형적인 변화가 나타난다. 대표적인 증상을 살펴보면 얼굴색의 변화와 함께 급속한 노화, 거친 피부와 몸무게 변화를 볼 수 있다. 다른 증상으로는 치아, 소화기(구토와 설사, 변비, 가스) 장애가 일어나고 미각이 변한다. 중독자들은 뇌손상, 신경 손상, 간질환과 암에 걸릴 위험이 높다.

중독치료와 함께 건강이 더 나빠지지 않게 하기 위해서라도 건강한 생활 습관과 충분한 수면 그리고 영양 식단이 필요하다. 건강한 식습관은 몸의 면역을 강화하고 체력을 회복해 마약재활 치료를 성공적으로 이끌어갈 수 있는 바탕이 된다. 중독치료 과정을 마치고 단약 기간을 오랫동안 지속하기 위해서는 의사의 진단을 받아 건강한 식단과 함께 영양보충제를 섭취하는 것도 도움이 된다.

건강한 일상을 지탱하는 세 가지

규칙적인 생활과 식사 그리고 운동이 마약 재활치료에 어떻게 도움이 되는지 살펴보자.

규칙적인 생활

매일 규칙적으로 일어나고 취침하는 것만으로도 어느 정도 건강을 지켜나갈 수 있고 면역력도 키우고 스트레스도 줄어든다. 감정과 욕구에 휘말려 살았던 생활에 변화를 주고 마약치료와 단약을 이어가기 위해서도 꼭 필요한 생활 태도다. 자신이 변화되고자 하는 삶의 방식으로 계획을 세우고 실천하면서 단약을 성공적으로 이어갈 수 있다.

규칙적인 생활은 단순한 행동이지만 강한 변화를 가져온다. 더 나은 삶으로 나아가고자 하는 의지가 동반되기 때문이다. 해독 후나 재활치료기관을 나와서 변화된 삶을 살기 위해 계획을 세우고 실천하면서 가족의 지원과 협조가 필요한 부분에서는 적극적으로 요청한다. 이전과 다른 생활 습관을 익히면서 마약에 대한 유혹과 갈망을 잊는 것이다. 하루의 일과가 계획한 대로 이루어지지 않을 때도 많지만 시행착오를 겪으며 지속적으로 실천해나간다면 조금씩 하나하나 자리 잡게 된다. 조금은 바쁜 일정을 잡는 것도 좋다. 너무 느슨한 계획은 지루함을 느끼게 되어서 무의식적으로 재미나 갈망을 찾을 수 있기 때문이다.

규칙적인 식사

의료 전문가의 도움을 받아 해독하는 과정에서 회복에 도움이 되는 식단을 처방받을 수 있다. 혼자 해독을 계획하고 있다면 가까운 친구나 가족의 도움을 받아 금단증상을 관찰하고 영양 성분에 맞는 식사를 한다. 하루에 두 끼든 세 끼든 횟수는 상관없지만 규칙적으로 식사하는 것이 중요하다. 건강한 음식을 섭취해 몸이 스스로 회복할 수 있는 에너지가 충분히 공급되어야 회복하기도 쉽다.

좋은 영양 섭취는 면역체계를 강화해 다른 질병에 대한 저항력을 높인다. 콜레스테롤 수치를 낮추기도 하고, 우울증 및 불안 증상이 줄어들어 정신건강에도 더 좋다. 건강한 식단은 질병과 부상에서 빨리 회복되는 데도 중요한 역할을 한다. 마약을 하다 보면 입맛이 없어서 불규칙적인 식사에 익숙해지는데, 힘들어도 규칙적인 식습관을 익혀야 영양소를 제대로 공급할 수 있다.

체력은 아주 더디게 회복되며 습관이 되기까지는 한동안 시간이 걸리겠지만 매일매일 규칙적인 식사를 하는 생활을 익혀야 한다. 과일과 채소 등 다양한 음식을 적당히 골고루 먹고 멀티 비타민과 미네랄도 함께 섭취해 부족한 영양소를 보충한다. 뇌손상이 많은 마약중독의 경우 뇌의 세로토닌 수치의 균형을 맞출 수 있는 식단으로 탄수화물이 많이 함유된 렌틸콩과 완두콩, 뿌리채소, 복합 탄수화물과 단백질이 함유된 음식을 먹는 것이 좋다.

규칙적인 운동

운동이 마약중독 회복에 도움이 되는 몇 가지를 이유가 있다. 마약중독의 주된 원인이 스트레스인데, 운동을 하면 스트레스가 줄어들기 때문이다. 신체활동으로 좋은 기분을 유지하고 혈액순환도 개선한다. 규칙적인 운동은 건강한 수면을 유도해 수면의 질과 양을 향상시켜서 중독 회복에 도움이 된다. 운동으로 무기력한 몸과 정신을 깨워서 강한 에너지를 채운다. 그로 인해 면역력이 강해지면 불안감과 우울감도 줄어들어 단약을 이어가는 데 힘이 된다.

중독자 가족을 위한 열 가지 조언

가족이 버텨야 중독자도 버틸 수 있다

중독자의 가족들을 만나보면 중독자를 돌보며 고단했을 그들의 삶이 보인다. 끝이 어딘지도 모른 채 재활과 재중독을 반복하면서 희망 없이 힘든 일상을 살아가고 있다. 나와 같은 상황에 있는 중독자 가족을 만나 중독치료와 재활을 한 경험을 나눈다면 많은 위로가 될 것이다. 앞서 경험한 누군가의 조언을 들으면 좀 더 마음의 여유를 가지고 치료를 계속 이어갈 수 있다. 때로는 긍정적인 말로 살아갈 힘을 주기도 하며 더 실수를 줄 일 수 있는 귀한 지혜를 얻기도 한다.

첫째, 중독에 대해 가능한 많이 배운다

중독자의 특징과 마약에 대해 더 많이 배우고 이해하면 중독자와 가족들 간에 비난과 언어폭력, 오해를 줄이고 분노와 원망을 조금은 내려놓을 수 있다. 중독은 뇌에서 일어나는 변화로 인한 것임을 이해하면 자신이 원해서 중독이 되고, 원하지 않는다고 해서 당장 끊을 수도 없다는 것을 이해하게 된다. 새롭게 판매되는 마약에는 어떤 것이 있는지, 그것이 뇌에 어떤 영향을 미치는지, 해독과 중독치료 방법과 예방법 그리고 새로운 치료 정보를 얻을 수 있다. 마약과 중독에 대한 바른 정보를 가질수록 치료 효과가 더 크고, 그만큼 자신감을 북돋우며 희망과 용기를 더 키워나갈 수 있다.

둘째, 중독 회복자들과 연대한다

중독자와 함께 생활하는 가족들은 스트레스가 높고 신뢰도가 낮아 불안전한 의사소통을 이어가고 대화가 단절되기도 한다. 중독자와 가족이 N.A. 프로그램에 참석해 중독에 대한 경험과 대처 방법을 배우고 나누며 편견에서 벗어나 지지와 연대로 재중독의 위험을 줄일 수 있다. 중독자 간의 공감은 서로에게 힘이 되고 강한 연대를 이어가게 된다. 연대감은 고립감을 줄여서 다른 문제에 연루되는 일이 적어지고, 스트레스 관리와 정신건강을 향상하는 데도 도움이 되어 매일매일 조금씩 회복되는 것을 여유를 가지고 지켜볼 수 있다.

셋째, 가족치료를 적극적으로 받는다

마약중독으로 인해 가족과 중독자들은 잦은 말다툼과 대화 단절, 자책에 빠져서 힘든 나날을 이어간다. 가족들 사이에 비난이 잦아지면 서로가 가해자와 피해자가 되어 중독이 회복되기는커녕 점점 더 악화된다. 가족상담과 가족치료가 절실히 요구되는 이유다. 가족치료 프로그램을 통해 다른 사람에게 이야기함으로써 불신과 죄책감은 덜어내고 이해와 위로를 받으면 건강한 방식으로 갈등을 극복할 수 있다. 치료하는 시간이 길어질 수 있고 여러 가지 약속과 문제가 상충되는 상황에 놓이면 프로그램의 세션을 건너뛰고 싶은 유혹을 느끼기도 하지만 가족 구성원들이 함께 풀어야 할 중요한 문제로 가능하면 모든 세션에 참석해야 한다.

넷째, 가족과 함께 제대로 된 식사를 한다

바쁜 현대사회에서 가족이 함께 식사하기는 쉽지 않고 간단한 인스턴트식품이나 냉동식품으로 한 끼 때우는 경우가 많다. 가족이 모두 함께 식사하는 동안은 서로 간에 충분한 신뢰와 이해를 쌓아가는 시간이다.

가족이 함께 식사하면 하루의 스트레스가 풀리고 힘든 일을 겪었을 때 위로받고 지지받을 수 있다. 저녁식사 이후에도 이야기를 이어감으로써 가족치료의 연장으로 화합과 신뢰를 다지는 귀한 시간을 만들 수 있다. 매일 저녁은 아니어도 적어도 일주일에 한두 번이라도 가족이 함께 식사를 준비하는 시간을 통해 긍정적인 영향을 미치게 된다.

다섯째, 실수와 실패도 긍정적으로 생각한다

중독자가 치료받기 시작하면 가족들은 안도감과 희망에 차서 금방 회복될 것 같은 기대감에 부푼다. 그러나 약물에 강하게 의존되어 있는 신체와 정신이 회복되는 속도는 더디기만 하고 실패하는 경우도 많아서 좌절과 낙담에 빠지기 쉽다. 가족들의 한결같은 지지와 응원만이 치료를 계속할 수 있는 힘이 된다. 중독은 만성질환으로 회복되는 과정에서도 재발이 흔하게 일어난다는 것을 기억해야 한다. 스트레스와 트리거를 잘 관리하면 재중독으로 이어지는 것을 상당 부분 줄일 수 있다. 재발과 치유가 반복되는 것 또한 치유 과정으로 받아들여야 한다. 계획했던 대로 되지 않고 기대했던 결과가 나오지 않더라도 마약 없는 삶을 위해 가족은 끊임없는 지지와 응원을 보내야 한다.

여섯째, 성취감을 느낄 수 있는 취미를 찾는다

마약 복용 대신 다른 곳에서 즐거움을 찾는 것은 그 어떤 것보다 중요하다. 좋아하는 취미 활동에 몰입하는 동안 마약을 생각하는 횟수가 줄어든다는 보고가 있다. 유익한 취미 활동을 반복적으로 하면 마약에 대한 욕구를 진정시키는 효과와 함께 심리적 안정감도 얻고 보상으로 행동은 더욱 강화될 것이다. 반려동물을 기르면서 책임감을 키우거나 새로운 것을 배워서 성취감도 누리는 것도 좋은 방법이다. 취미 생활에 몰두하다 보면 회복으로 가는 먼 여정이 생각보다 가까이 다가와 있음을 느끼게 된다.

일곱째, 규칙적인 운동으로 몸을 단련한다

가족이 함께 운동으로 아침을 시작하고 저녁을 마무리한다는 것은 바쁜 일상에서 말처럼 쉬운 일이 아니다. 하지만 중독을 치유하고 단약을 이어가기 위해 어떤 일보다 우선해 시도해볼 만하다. 중독자만큼이나 가족들도 스트레스와 우울증에 시달리는데 운동으로 자신의 삶을 긍정적으로 유지해 나갈 힘을 얻게 된다. 언제쯤 중독치료가 끝날지 모르는 반복되는 일상에서 걱정과 스트레스는 점점 더 쌓여간다. 운동을 하면 조금은 여유를 가지고 중독자 가족을 보살필 힘을 얻게 된다. 중독자를 돌보는 일은 단기간에 끝나지 않는 만큼 오래 버틸 수 있는 힘을 기르려면 규칙적인 운동으로 몸을 단련하는 것도 필요하다.

여덟째, 충분한 수면으로 에너지를 보충한다

중독자들 중 일부는 밤중에 걱정과 고민에 싸여 있다 다시 약을 하거나 약을 구하기 위해 마약 판매자를 만나러 나가기도 한다. 그러다 술과 함께 마약을 하다 취해서 길거리에 쓰러지는 일도 흔하다. 가족들은 특히 저녁에 중독자를 잘 보살펴야 한다. 충분한 수면을 취하지 못하면 예민해져서 스트레스에 취약하게 되고 정신적 피로가 동반되어 회복도 점점 더뎌진다. 충분한 수면으로 안정된 상태에서 육체와 정신을 회복하기가 쉽다. 일정한 취침 시간과 기상 시간으로 규칙적인 수면 스케줄을 만들어 두뇌가 깊은 수면을 취할 수 있도록 하자.

아홉째, 상담을 통해 마음의 치유를 한다

상담은 중독자과 가족 모두에게 필요하다. 중독자는 치료 과정에서 상담과 치유 프로그램에 참여하지만 가족까지 상담받는 경우는 많지 않다. 가족상담을 권해도 쉽게 참여하지 않는다. 상담을 받으려면 시간과 경제적 부담이 있고, 가족 문제를 외부 사람에게 털어놓는 것을 꺼리기 때문이다. 수개월에서 수년 동안 중독자를 돌보면서 지친 마음과 떨어진 자존감을 회복하기 위해 가족들도 스트레스와 정신적 상처를 치유할 시간을 가져야 한다.

열째, 중독에 대해 정확한 정보를 알린다

중독과 중독자에 대한 오해와 잘못된 정보를 바로잡는 것도 중요하다. 올바른 정보를 바탕으로 중독자가 지속적으로 재활치료를 잘할 수 있도록 이끌어야 하기 때문이다. 가족과 친구들이 무심코 부정적인 말이나 치료가 불가능하다는 이야기를 하는 것을 특히 조심해야 한다. 상처받고 자신감을 상실하면 재활 의지가 꺾이게 된다. 재활치료를 받고 나서도 왜곡된 사실과 편견의 시선을 마주하면 마음의 상처를 받고 다시 마약을 찾는다.

가족들이 중독자와 중독에 대해 알아가는 것도 회복하는 과정의 중요한 일부분이다. 연구자료, 관련 단체, 재활치료 센터에서 배우는 지식과 정보를 공유하고, 중독으로 고생하는 사람들을 위해 연대해 옹호하는 것도 가치 있는 일이다. 이것은 중독자 개인과 가족 그리고 중독으로 힘들어하는 사람들에게 용기를 주어서 건강한 삶으로 돌아오게 하는 일이다. 상처를 안고 숨죽여 사는 것보다 가치 있는 일을 해서 더 나은 상황을 만들어가기 위해 행동한다면 가족과 지역사회에 선한 영향력을 미칠 수 있다.

6장

예방부터 중독 회복 이후의 삶까지

예방과 회복을 위한 프로그램

마약에 대한 경계를 늦추지 마라

5년, 10년 후를 위한 예방

우리나라는 현재 마약청정국이라고 할 수 없지만 지금부터 아무런 대비를 하지 않으면 앞으로 5년, 10년 후에는 마약 위험 국가로 내몰릴지도 모른다. 최소한 현 상태만이라도 유지하려면 마약류 예방을 위한 캠페인이나 교육을 시작해야 한다. 어쩌면 늦었을 수도 있지만 한국이 마약으로부터 안전한 사회로 나아가기 위한 마지막 기회일지 모른다.

청소년들이 마약과 중독의 위험에 대한 심각성을 배울 수 있는 기회를 마련해 마약과 위험물질을 경계하고 자신의 건강을 지키며 살아갈 수 있도록 적극적으로 행동해야 할 때다. 미국에서 자녀들이 마약의 위험성을 모른 채 노출되는 것을 경계하고 예방하기 위해 시행했던 프로그램 중에 효과를 본 대표적인 캠페인과 프로그램들을 소개하려고 한다. 청소년들의 학습 연령을 고려한 교육이나 학교의 주요한 행사에 앞서서 시행한 예방 교육은 많은 효과를 거두고 있다. 미국에서 시행한 예방 교육 프로그램들을 한국 실정에 맞춰서 수정 보완해 시행한다면 좋은 효과를 거둘 것이다.

D.A.R.E.(Drug Abuse Resistance Education, dare.org)

1983년 만들어져 미국의 많은 주에서 마약과 중독 예방을 위해 훈련된 전문인들이 유치원부터 초중고등학생과 부모들을 대상으로 가르치는 종합 교육 프로그램이다. 법집행관들이 강사로 나와 마약, 술, 폭력, 왕따 등 위험한 상황에 대처하는 데 실질적인 도움이 되는 의사 결정 기술을 가르친다. 이 교육을 통해 자신과 다른 사람을 존중하고 폭력과 마약 사용과 같은 위험한 물질과 행동에서 벗어나 자유로운 삶을 살 수 있도록 돕는다.

D.A.R.E.는 불법마약이 급속히 늘어난 1980년대에 법만으로는 마약 사용과 남용을 절대 줄일 수 없다는 것을 인식하고 L.A. 경찰국(LAPD)과 L.A. 통합지구대(LAUSD)가 초등학생들을 위한 시작한 마약 저항 교육 프로그램이다. D.A.R.E.는 학생들을 위한 약물 예방 커리큘럼과 교육 자료를 만들고 효과적인 전달을 위해 법집행관들을 강사로 훈련했다. 이 교육 프로그램을 위해 백악관 마약통제정책국과 집행국, 펜실베이니아 대학 마약학연구소 등이 협력기관으로 지원한다. D.A.R.E.은 많은 지역에서 효과를 보고

있으며, 더 많은 담당자를 교육하고 기존 프로그램을 확장해 나가고 있다.

이 프로그램은 유치원, 초등학교, 중학교, 고등학교, 성인으로 구분해 강의를 실시한다. 강의를 수강한 학생들은 'D.A.R.E. 프로그램 강좌 이수 공인 인증서'를 받는다. 저학년 학생들은 강좌를 통해 집 안에 있는 약의 위험을 인식하고 처방 약에 대해 이해한다. 중고등학생들은 처방받은 약과 마약에 대한 이해과 위험 그리고 청소년들이 안전하고 건강하고 책임감 있는 행동을 할 수 있도록 돕는다. 중등과정에는 청소년들이 마약을 거절하는 구체적인 방법(거부, 설명, 회피, 탈피)도 가르친다. 이러한 교육을 통해 청소년들이 또래 아이들의 압력과 마약을 거부하기 어려운 상황에서 마약을 멀리할 수 있는 구체적인 행동지침을 교육한다.

약물의 오남용에 대한 이해를 통해 위험을 인식하고 안전을 유지하는 방법과 자신과 친구들을 돕기 위한 방법에 대해서도 배운다. 그 외 술과 담배(전자담배 포함)의 위험을 이해하는 교육을 받는다.

D.A.R.E. 프로그램은 고등학생들이 홈커밍 행사, 프롬 파티, 졸업파티와 같은 중요 행사에 참가해서도 다른 문제나 위험을 줄여나가는 데 기여하고 있다.

Get Smart About Drugs(www.getsmartaboutdrugs.com)

주로 부모와 교육자 그리고 약물상담 및 치료사들을 대상으로 진행하는 프로그램이다. 마약과 약물 남용으로 어려움을 겪고 있는 청소년과 부모, 교육자, 마약 상담 및 치료사에게 약물 사용 징후와 특성, 마약을 식별하는 방법 등 구체적인 정보를 제공한다. 현재 마약으로 어려움을 겪고 있는 청소년과 가정에 도움을 줄 수 있고 마약에 대한 올바른 이해와 마약 사용 및 중독 징후를 배워서 사전 예방과 초기 대처를 통해 더 큰 문제로 확산되는 것을 방지하는 것을 목적으로 한다.

약물중독을 진단할 수 있는 키트와 마약 예방을 위한 다양한 자료를 무료로 제공받을 수 있다. 다른 캠페인이나 프로그램이 마약과 약물의 위험을 알리는 데 중점을 두는 것과 달리 청소년들이 즐겨 찾는 소셜미디어와 청소년들이 사용하는 언어는 무엇인지에 대한 자료를 공유한다.

마약 없는 세상(Drug-Free World, www.drugfreeworld.org/course/)

청소년과 성인들을 대상으로 마약과 약물의 내용, 장단기 사용으로 인한 문제에 대한 정보, 마약에 대한 올바른 이해를 돕기 위한 목적으로 온라인상에서 들을 수 있는 영상물을 제공한다. 마약중독 경험자들의 이야기를 영상으로 제작해 마약 없는 세상을 만들어 마약중독의 피해를 줄여나가고자 한다. 온라인으로 개별 및 그룹 청취가 가능하며 강의가 가능하도록 구성되어 있다. 청소년 그룹이나 그룹 상담 및 단체에서 활용할 수 있다.

강좌들의 세부 내용을 살펴보면 다음과 같다.

- 마약에 대한 진실을 알려준다. 중독자들이 왜 약을 복용하는지, 일반적인 약물에 대한 지식과 마약중독자의 삶에 대한 내용을 담고 있다.
- 처방받는 마약에 대해 설명한다. 처방받아서 복용한 마약들의 위험성과 약물 남용으로 중독된 사례를 담고 있다.
- 리탈린 남용에 대해 알린다. 리탈린은 ADHD나 기면증에 처방이 되는 약물로, 암페타민이나 코카인과 유사한 효과를 내는 약에 중독된 사례를 담고 있다. 그 밖에 헤로인, 마리화나, 합성약물 등에 중독된 사례들도 있다.
- 매년 19만 명이 마약 남용과 불법밀매로 죽어가고 있는 심각한 상황을 알리는 내용과 마약 사용은 HIV, 간염, 결핵을 악화시키며, 마약밀매는 돈세탁과 치명적인 테러를 조장한다는 내용을 담고 있다.
- '왜 아이들은 위험한 마약을 하게 되었을까요?', '어떻게 하면 마약으로부터 자녀를 보호할 수 있을까요?' 등과 같은 질문들에 대한 해답을 찾고 도움을 줄 수 있는 자료들을 제공한다. 자녀와 함께 읽어보거나 부모가 먼저 읽어보고 정보를 나눌 수 있다.

마약과 마약중독자의 위험을 바르게 이해하는 데 중점을 둔 캠페인과 프로그램은 마약에 대한 경계를 늦추지 않고 더 넓게는 중독자들을 도울 수 있는 효과적인 방법들을 제시한다. 5년, 10년 후에도 우리나라가 마약으로부터 안전한 나라라고 느끼려면 지금부터 준비해야 한다. 한국 사회가 마약과 마약중독자에 대해서는 아직까지도 편견의 시선을 가지고 있기 때문에 인식 변화를 이끄는 데도 많은 시간이 걸릴 것이다. 그 시작을 '마약 예방을 위한 캠페인'으로 시작하면 어떨까?

예방 교육은 빠를수록 좋다

마약 없는 세상 만들기 프로그램

학교 내에서 시행되고 있는 마약중독 예방 캠페인을 소개하고자 한다. 마약중독의 위험성을 설명하는 캠페인과 다른 점은 중독 피해 사례와 회복 사례, 미국 마약단속국의 최신 정보들을 구체적으로 담고 있다는 것이다. 일회성 캠페인으로 그치지 않고 체계적인 교육 프로그램을 활용해 마약에 대한 이해와 중독으로 나타나는 문제에 대해 고민하고 대처할 수 있도록 한다.

한 번 더 생각하자(Just Think Twice)

미국 마약단속국에서 실시하는 예방 프로그램으로 마약에 관한 최신 정보와 마약중독이 되면 어떻게 되는지, 마약중독 치유에 성공 사례까지 현장의 다양한 자료들을 제공한다. 캠페인이나 이벤

트를 진행하고자 할 때 사이트(www.justthinktwice.gov)를 방문해 관련 자료와 정보를 활용할 수 있다.

최근 유통되는 마약을 중심으로 헤로인, 펜타닐, 엑스터시, 마리화나, 옥시코돈, 암페타민에 대해 자세히 설명한다. 이론적 교육에 그치지 않고 학생들이 직접 아이디어를 내서 참가할 수 있는 프로그램을 소개한다.

뉴스와 미디어에 나오는 위험한 약물 관련 소식과 중독에서 회복된 사람들의 이야기, 처음 마약을 시작해 치료와 재중독을 오가는 동안 점점 다른 문제에 연루된 사연까지 다양한 사례들을 보여준다. 마약중독 치료에 성공해서 약물 없이 생활하는 사람들의 이야기는 Face & Voives of Recovery(https://facesandvoicesofrecovery.org)에서 더 많이 찾아볼 수 있다.

약물에 관한 올바른 상식을 알리기 위해 약물중독으로 인해 삶을 포기해야 했던 경험담을 이야기한다. 약물중독으로 인해 스포츠팀에서 탈락한 사연, 마약 후 폭력적 데이트를 경험한 사례, 돈과 직업을 잃은 사례, 장학생 자격과 학자금 융자가 거절된 사례, 가족을 아프게 했던 일들, 약물로 인한 죽음, 마약이 뇌와 학업에 미치는 영향 등 다양한 내용들을 참고할 수 있다. 그리고 마약을 한 상태에서 운전하거나 마약으로 인해 범죄에 연루되어 도망 다니는 생활, 중독으로 지인들과 관계가 점점 단절되어 가는 생활 전반에 걸친 내용들을 자세히 안내한다.

마약과 흡입성 화학약품, 중독성 약물(각성제, 스테로이드)에 관한 잘못된 상식을 구체적으로 설명하고 있다. 이해를 돕기 위해 영상 자료 형식으로 청소년들이 전문가들에게 직접 묻고 대답한 내용을 그대로 담았다.

레드리본 위크(Red Ribbon Week)

1985년부터 매년 10월에 열리는 행사로 마약 및 폭력 예방과 함께 술, 담배까지 포함해 마약 없는 세상(Drug Free, Living Drug Free)을 만들기 위한 행사다. 이 캠페인 참가율을 높이기 위해 붉은 셔츠 입기, 가슴에 리본 달기, 밴드 착용, 붉은색 양말과 신발 등 다양한 소품으로 동참을 이끌고 있다.

더 어린 학생들은 학교와 커뮤니티에서 다양한 제품(모자, 연필, 티셔츠, 손목밴드 등)을 나누는 행가를 진행하기도 한다. 또 '약물 없는 삶(Drug Free)'을 주제로 청소년들의 아이디어를 담은 사진과 동영상 콘테스트를 여는 등 즐거운 활동들을 이어오고 있다. 그 외에도 마약 없는 삶을 위해 건강하게 생활하는 방법과 음식 속에 들어 있는 마약을 멀리하는 방법, 학교에서 받는 스트레스 관리하기, 마약 없이도 즐거운 놀이 등을 안내한다.

학생들이 직접 참여하는 공모전

미국마약학연구소(NIDA, National Institute on Drug Abuse)는 '전국 마약 및 알코올 주간'을 선정하고 학생, 부모, 교사 등 각 그룹별로

'마약과 약물남용에 관한 예방 프로그램'을 실시할 수 있는 자료와 정보를 제공한다. 마약에 대한 환상을 깨고 약물 남용에 대한 올바른 지식을 청소년들에게 전달하기 위해 '마약과 중독 관련 공모전'을 매년 실시하고 있다. 그리고 지역사회 행사, 경연대회, 언론매체를 통해 청소년들이 마약의 특성과 마약 사용에 관해 질문하면 전문가의 설명을 직접 들을 수 있다.

- 교사용: 마약에 대한 학습을 위해 영상 등 관련 수업자료를 제공한다. 학생들이 참가하는 '마약과 중독 관련 공모전'을 시행하고 수상자를 배출하는 행사를 지속하고 있다.
- 부모용: 마약에 대한 이해와 자녀들을 위한 예방교육 방법, 마약에 대한 상식, 마약중독을 어떻게 치유할 것인가에 대한 안내, 가정에서 약물을 안전하게 버리는 방법 등을 안내한다.
- 청소년용: 마약이 뇌에 미치는 영향, 마약의 실체, 게임으로 이해하는 마약, 마약 문제에 대한 고민 나누기, 의사와 전문가에게 묻고 대답을 들을 수 있는 동영상 등이 다양하게 제공된다.

올바른 삶의 기술을 가르치다

라이프 스킬 트레이닝(LST)은 예방 및 건강행동 전문가인 길버트 보트빈(Gilbert Botvin) 박사가 개발한 프로그램으로 초중고 학생들과 부모들을 대상으로 온라인 학습자료가 개발되어 있다. 주 요소는 세 가지로 구성되어 있는데, 먼저 마약이 인체에 미치는 영향과 마약에 관한 지식과 자기관리 기술을 익히도록 지도한다. 그다음 마약을 권유하는 또래 친구들의 압력을 피하는 것과 같은 사회적 기술을 가르치는 데 초점을 둔다. 마지막으로 약물중독 및 남용에 따른 문제와 관련된 정보와 기술에 대해 강의한다.

이 프로그램은 학생들의 자존감을 높이고, 학교와 사회에서 관계를 맺을 때 일어날 수 있는 문제를 해결하는 능력을 개발하고, 스트레스와 불안을 줄이고, 건강한 정신을 갖출 수 있도록 분노를 관리하는 것을 목표로 한다. 학생들이 수줍음을 극복하고, 명확하게 의사소통하며, 관계를 형성하고, 폭력을 피하는 데 힘쓴다.

학교 내에서 LST 교육과정을 진행하고 싶다면 LST 홈페이지(www.lifeskilltranng.com)에 접속해 대상으로 하는 학생(초중고)의 교육자료 CD와 프로그램 책자를 요청해 사용할 수 있다. 홈페이지에는 외부 보건 전문가와 상담교사가 함께 다양한 서비스를 제공한다. 이 교육과정을 활용하고자 하는 교사는 온라인에서 교육을 받아서 지도할 수 있다. 실제로 LST 교육 프로그램을 사용한 후에 실시한 자체 조사에서 흡연 감소와 마약 및 약물 사용이 상당히 감소되었다고 한다.

부모를 위한 교육 프로그램은 가족을 보호하고 일반적인 생활기술 부분, 가족관계를 개선할 수 있는 교육 내용을 담고 있다. 마약 예방에 앞장서는 리더가 되어 지역사회에서 부모들을 도울 수 있는 교육을 제공하기도 한다.

위의 캠페인과 교육 프로그램들은 한국에서도 중독센터와 사회복지센터에서 충분히 사용할 수 있는 내용이다. 어린 청소년들에게는 캠페인과 놀이의 형태로, 중고등학생을 대상으로 한다면 IT와 인터넷을 활용하는 것도 마약의 위험을 알리는 좋은 방법이 될 것이다.

건강하게 사회로 나아가기 위한 대학교 프로그램

치료와 학업을 병행할 수 있도록

한국에서 대학생이 학교 내 상담실에서 마약중독에 관한 상담을 받거나 치료를 지원받는 모습을 상상할 수 있을까? 국민 대다수의 인식과 학교 관계자들의 인식은 큰 차이가 나지 않는다. 아직까지 우리나라 대학에서 중독 상담을 받는 것은 꿈만 같은 일이다. 마약과 마약중독에 관한 편견이 강하고 터부시하는 한국의 대학에서 상담 지원을 한다는 것은 조금 거리감이 있는 이야기다.

치료받아야 할 사람이 얼마나 되는지 제대로 조사하고 발표한다면 더 이상 늦출 수 없는 시급한 일임을 깨달을 것이다. 하지만 실상을 덮으려고만 하는 상황에서는 인식의 전환을 기대할 수 없다. 현실을 바로 아는 것만으로 많은 치료와 상담이 가능할 것이다.

2016년 미국 연방 약물 및 정신건강 관리센터(Federal Substance

Abuse and Mental Health Services Administration)의 보고서에 의하면 매년 120만 명의 대학생들이 술을 마시며, 하루 평균 70만 명 이상이 마리화나를 사용한다고 한다. 미국 대학생들의 마약 사용 및 중독은 심각한 상황으로 대학마다 중독치료를 위한 상담실을 운영하고 있다. 심지어 거주형 치료센터를 설립하고 학생들이 입소해 장기 치료를 하는 곳까지 급속히 늘어나고 있는 실정이다. 마약중독 치료를 위해 대학마다 지원을 아끼지 않는 것은 학생들이 학습에 어려움을 겪으며 학업을 중단하고 사회 진출을 포기하지 않도록 하기 위함이다.

많은 대학들이 마약중독 치료를 받고 학업을 정상적으로 마치고 사회에 나갈 수 있도록 대학생 재활 프로그램(CRPs, Collegiate Recovery Programs)을 시행하고 있다. CRP 프로그램을 운영하는 대학이 35개에서 5년 만에 133개 이상으로 증가했으며, 그중에서도 거주 공간을 제공하는 대학도 50개 이상이 된다.

많은 대학을 소개하기는 어렵지만 미국 동부, 서부, 남부 지역의 대표적인 대학에서 운영하고 있는 마약 재활치료 프로그램들을 살펴보자.

캘리포니아 주립대학 회복 프로그램(CRP, Collegiate Recovery Program)

2016년부터 운영하고 있으며, 재학생들이 학업을 이어갈 수 있도록 건강과 정서적 지원을 최우선으로 한다. 마약재활 프로그램을 위한 기금 마련과 지역행사에 적극적으로 참여하도록 독려하고 지원하고 있다. 브루인 회복(B4R, Bruins for Recovery) 프로그램을 운영하고 있으며 술과 마약 중독에서 회복되기를 바라는 학생들은 누구나 도움을 받을 수 있다. 12단계(A.A., N.A.) 모임 참가를 의무화하지는 않지만 권장하고 있다.

개별 상담을 통해 중독을 어떻게 줄여나갈 것인지 계획을 세워 상담과 치료사를 만나거나 회복을 돕는 커뮤니티와 중독연구소의 중독진단 프로그램에 등록해 8주간의 서비스를 받을 수도 있다. 온라인으로 무료 진단을 받을 수 있고 정신치료 서비스를 제공한다. 숙식형 재활치료 센터는 운영되지 않아 외부의 재활시설을 소개한다.

조지아 공과대학 카운셀링 센터(GTCC, Georgia Tech Counseling Center)

학교 내 아시아인 혐오와 폭력 그리고 정신건강의 위기에 대해 긴급 상황이 발생했을 때 이를 처리하기 위한 주 7일 24시간 전문 사회복지사와 상담사가 근무하는 상담 센터를 운영하고 있다. 위기에 처한 학생들이 위기 상황을 호소하는 '위기의 문자 접속(Crisis Text Line)' 시스템 운영과 중독치료를 위한 12단계 그룹 모임, 치료 프로그램에 대한 자료를 제공한다.

대학 재학 중 중독되는 것을 막고 중독으로 인해 학업에 어려움을 겪거나 학업이 중단되는 일이 없도록 적극적으로 지원한다. 회복을 희망하는 치료자들의 연대를 강화하고 회복 프로그램 참가자들과 함께 사회활동을 즐길 수 있도록 지원한다.

조지아 공과대학은 또래 지도 프로그램(PCP, Peer Coaching Program)에서 잘 훈련된 또래의 학생이 어려움을 겪는 학생들의 학업과 사회성 또는 개인별 목표를 돕고 응원한다. 이 프로그램은 캠퍼스 내에서 원격진료 상담 서비스 형식으로 정신교육과 개인 상담, 그룹 상담을 제공하기도 한다. 이외에도 걸으면서 짧은 시간 간단한 상담을 하기도 하고 좀 더 긴 시간 정신상담 서비스가 필요한 경우 정식으로 신청서를 작성하고 상담을 의뢰할 수 있다. 그 외에도 건강과 스트레스 관리를 도우며 새 학기에 학교로 돌아와 잘 적응하기 위한 워크숍 등 다양한 서비스를 제공하고 있다.

뉴저지 럿거스 주립대학 약물지원 프로그램

뉴저지 럿거스 주립대학은 재학생들을 대상으로 매년 9월 학기에 입주를 시작해 최소 1년간 거주하며 상담과 알코올 및 약물지원 프로그램을 받을 수 있다. 이 프로그램에 참여하는 학생들은 의료 서비스와 캠퍼스 내 12단계(N.A.) 모임 참가, 회복 상담, 학업 및 진로에 대한 상담을 받으며 학업을 계속할 수 있다. 신입생과 재학생 그리고 학부모를 상대로 설명회를 열고, 스포츠 활동과 교내 활동, 방학 기간 수련회와 봄방학 중 여행 등 다양한 활동으로 마약중독 학생들의 회복을 돕고 있다.

재활 프로그램에 참가하기 위해서는 담당자의 인터뷰를 거쳐야 한다. 입소하기 전 최소 3개월은 마약을 하지 않은 상태로 회복을 희망하는 학생에게 입소가 허락된다. 학업을 제대로 이어갈 수 있도록 지도하고 있으며, 함께 참가하는 학생들의 친목을 돕는다. 학생들이 학교를 졸업하고 사회 진출을 하기 전에 90일 이상의 시간을 가지고 프로그램을 시작한다. 재발 방지를 위해 스트레스 관리와 음주 회복 능력에 대한 세미나를 추가로 진행하며, 또래의 멘토링 프로그램과 외부의 N.A. 12단계 모임 참가를 권장하고 있다.

대부분의 대학들은 학생들의 마약중독이 심각한 상황에 놓여 있어 학교 내 중독 상담 및 캠페인을 적극적으로 지원하고 있다. 마약중독 치료를 하면서 학업을 병행하는 데에도 무리가 없도록 지원하고 있으며, 일부는 특별히 제한된 공간에서 상담과 치료를 받기도 한다.

학생들은 교내 프로그램을 통해 중독치료를 성공적으로 마치고 학업을 이어나간다. 학교 내 상담과 치료 프로그램으로 충분하지 않으면 외부의 전문 기관에서 치유받을 수 있도록 소개해준다. 지속적인 관리가 필요한 학생들을 위해서는 교내에서 A.A., N.A. 12단계 모임을 운영하며 많은 노력을 기울이고 있다.

법원에서 관리하는 치료 프로그램

몽고메리카운티 마약재판소의 높은 성공률

미국에는 마약 관련 범죄만을 다루는 마약전문재판소(Drug Treatment Court)가 250여 개 있다. 마약치료법원이란 미국의 각 주 카운티의 일반 법원에서 따로 분리해서 마약과 관련 범죄자만 별도로 다루는 법원이다. 펜실베이니아주 몽고메리카운티 법원도 마약치료재판소를 두고 있으며, 재판받기 전 마약 문제로 검거된 비폭력적 범죄자들을 위한 감독치료 프로그램을 운영하고 있다.

마약 관련 재판을 받는 사람들 중에 형을 받기 전 법원이 운영하는 프로그램으로 치료를 받고 중독 회복과 함께 사회 복귀를 하는 제도가 있다. 마약 치료 관련 전문가들로 구성된 심사위원들의 심사를 통해 선발된 이들은 엄격한 마약치료 프로그램에 참여하게 된다. 빈번한 법원 출석, 약물검사, 약물 치료를 위한 상담 그리고 감독관의 지도를 받는 프로그램으로 높은 성과를 보이고 있다.

- 대상: 마약중독으로 검거되어 구속된 비폭력적 범죄자들 중에 마약중독 치료를 받고자 희망하는 자 혹은 추천받은 자
- 프로그램 혜택: 재판이나 구속에 관한 범죄 기록이 남겨지지 않는다(15~18개월의 치료 과정을 마치고 졸업 후 6개월간의 관리감독 과정을 이수하는 조건).
- 선발 방법: 마약 중독으로 검거된 사람 중에서 신체검사와 약물검사를 받고 심사위원의 서류심사를 통해 대상자를 선발한다.
- 프로그램 참여 신청: 판사, 변호사, 경찰, 사회복지사의 추천과 본인 신청 가능
- 선발 심사요원: 판사, 검사, 국선변호사, 마약치료사, 사회복지사, 집행유예 사무관, 집행유예 집행관, 코디네이터, 경찰 등 20명으로 구성된 심사위원들이 매주 심사를 진행
- 프로그램 진행 방법: 마약 관련 범죄로 인해 구치소와 감옥으로 가는 대신 마약중독 치료와 재활의 기회를 제공

프로그램은 6단계로 진행되며 매우 엄격한 치료 과정을 거친다. 매 단계마다 이수해야 할 목표를 달성해야만 다음 단계로 진행된다. 전체 과정은 15~18개월 소요되며 프로그램을 정상적으로 이수하면 졸업식을 가진다. 이후 6개월간 프로그램에 함께 참가한 동료들과 모임을 가지고 감독관의 전화 모니터링을 받는다.

약물검사에서 양성 반응, 소변에 다른 물질을 넣어 희석하는 행위, 담당자와 약속 불이행, 프로그램 규칙 위반, 마약치료법원의 팀원 회의 불참, N.A. 12단계 모임 불참, 치료 불참, 반사회적 활동 등에 해당되면 규제를 받는다.

규제 사항으로는 작문 에세이 쓰기(반성문과 경위서 성격의 글쓰기), 소변검사 횟수 증가, 개인 활동 보고 증가, 지역사회 서비스, 가택 연금, 전자 모니터링, GPS 모니터링, 알코올 모니터링 및 테스트 등이 있다. 사안에 따라서는 마약치료 프로그램에 중도 탈락되어 구속되기도 한다.

졸업 후에도 이어지는 보호관찰 프로그램

참가자의 재활을 위해 임상의와 보호관찰관이 협력해 치료 계획을 세우고 매주 향상 정도를 확인하면서 치료 과정을 조정해나간다. 미국중독협회의 지도 지침을 기준으로 경증과 중증의 상태에 따라 입원과 개인치료, 그룹치료 등을 적용한다. 비용은 개인비용과 카운티의 기금, 의료지원 및 약물 치료 법원의 기금에서 지원받는다. 참가자는 12단계 프로그램에 참가하며 중독 치유를 받으면서 사회 적응력을 키워간다.

프로그램 규칙과 지침에 따라 보호관찰관의 관리감독을 받는데, 잘 지켜지면 다음 단계로 넘어가고 규정에 미치지 못하는 경우 규제를 받는다. 마약중독 테스트는 무작위로 선정해서 실시한다.

각 참가자는 매일 오전 4~9시에 전화해 자신이 선발되었는지 확인하고, 선발되었다면 지정된 약물검사를 한 후 보호관찰부 사무실로 보고한다.

프로그램은 전체 5단계이며, 1~3단계는 최소 4개월, 4~5단계는 최소 3개월간 시행된다. 각 단계별 행동 수칙은 다음과 같다.

1단계

참가자는 보호관찰관과 매주 1회 대면 접촉을 해야 하며, 빈번한 무작위 약물감사에 응해야 하고, 감독관의 지시에 따라 치료에 참여하고, N.A. 12단계 모임에 참석한다. 풀타임으로 일하거나 학업을 이어가더라도 매주 법원 미팅에 참가해야 한다.

2단계

참가자는 보호관찰관 1인당 최소 3명의 대면 접촉을 하며, 지속적인 무작위 약물/알코올 테스트를 받으며 치료를 계속하고, N.A. 12단계 프로그램에 참석해야 한다. 일이나 학업을 계속하면서 격주마다 법원 미팅에 참석해야 한다.

3단계

참가자는 보호관찰관 1인당 최소 2명 이상의 대면 접촉을 하며, 지속적인 무작위 약물/알코올 검사를 받고 보고하고, N.A. 12단계 프로그램에 참석해야 한다. 일이나 학업을 계속 유지하면서 3주마다 법원 미팅에 참석해야 한다.

4단계

참가자는 보호관찰관 1인당 최소 1명 이상의 대면 접촉을 하며, 지속적이고 무작위적인 약물/알코올 검사를 받고 보고하며 치료의 권고에 따라 N.A. 12단계 프로그램에 참석해야 한다. 일과 학업을 계속 유지하면서 매월 열리는 법원 미팅에 참가해 재활치료 진행 사항을 보고해야 한다.

5단계

보호관찰관과 항상 전화가 연결되어야 하며, 보호관찰관에게 필요에 따라 무작위 약물/알코올 검사와 보고서를 제출하고 치료를 계속 이어가야 한다. 사회 복귀에 적응할 수 있도록 N.A. 12단계 프로그램에 지속적으로 참석해야 한다. 모든 프로그램의 준수사항을 수행하고 30일간 약물/알코올 검사에서 음성이 나오면 다음 단계로 넘어가기 한 달 전에 보호관찰관에게 졸업 신청을 할 수 있다.

프로그램 졸업 후 유지 기간

6개월간 졸업자 모임에 참석하면서 보호관찰관의 지도 감독을 받는다. 이 기간 동안 무작위로 선택되어 약물/알코올 검사를 하고 결과를 제출해야 하며 N.A. 12단계 프로그램에 계속 참석하면서 사회생활에 잘 적응할 수 있도록 하며 일과 교육을 유지해야 한다. 6개월 프로그램을 모두 이수한 사람들 모임의 규칙과 규정을 준수하면 두 번째의 졸업을 하게 된다.

기타 추가 사항

프로그램에 참가하는 사람들의 모임과 다른 졸업자들의 모임에 반드시 각 1회씩 참석해야 한다. 다른 사람들을 격려하며 프로그램 참석자들의 동기부여를 강화하는 기회를 제공한다.

몽고메리카운티의 마약치료 프로그램의 높은 성공률은 낮은 재중독 수치에서 알 수 있다. 프로그램을 졸업하고 사후에도 이어지는 보호관찰관의 철저한 지도로 마약과 약물중독에서 벗어나 사회생활에 잘 적응할 수 있다.

몽고메리카운티의 마약치료 프로그램은 2006년에 시작되어 현재까지 700여 명이 중독에서 회복되었다. 프로그램 참가들의 65% 이상이 성공한 것으로 나타나고 있다. 다른 주에서 실시한 프로그램에서 16~25%의 성공률을 보인 것에 비해 2배 이상의 놀라운 성과이다. 몽고메리카운티에서 시행하는 마약치료 프로그램은 책임판사와 검사의 남다른 열정이 특히 돋보인다. 프로그램도 체계적이고 안정적으로 운영되어 높은 성과를 보이지만 더 많은 희망자들이 혜택을 받지 못한다는 것이 아쉽다.

자녀 양육과 치료를 함께하는 프로그램

엄마와의 약속(EMP, Engaging Mom's Program)

마약재판소에서 마약을 투약한 엄마들을 대상으로 가족을 기반으로 한 치료와 회복을 이끌어내는 프로그램으로 마약중독 치료와 가족의 지원을 받는다. 가족의 이해와 지지를 받으며 마약치료와 변화된 삶에 대한 동기부여를 얻고 엄마와 아이들 사이의 감정적 애착을 강화해 육아기술 개선과 안정적인 관계를 형성해갈 수 있다. 프로그램 운영자와 법원의 아동복지담당 부서 간의 긴밀한 교류를 통해 마약중독 치료 중 재발과 실패에 대한 대비(비징벌적인 처리)를 한다. EMP 치료 프로그램이 마무리되는 단계에서는 독립적인 생활이 가능하도록 세부 계획 수립과 실패할 수 있는 다양한 변수들에 대해서도 준비한다.

1단계: 가족의 관계 회복과 동기부여

중독된 엄마와 가족 간의 건강한 관계 회복과 자녀양육을 하면서 재판에 적극적으로 참여하며 변화하고자 하는 동기를 강화하는 단계다. 상담사는 엄마와 가족이 겪는 고통, 죄책감, 수치심 등을 이해하고 긍정적인 기대와 희망을 가질 수 있도록 동기를 강화한다.

2단계: 어머니의 행동 변화

부모와 자녀 간의 애착을 강화하고 엄마가 직접 양육할 수 있도록 부정적인 것은 줄이고 행동 변화를 이끌어내는 단계다. 가족과 함께 인생 계획을 세우고, 치료를 지속적할 수 있도록 대비한다. EMP 상담가는 치료와 함께 판사, 사회복지사 및 변호사와의 긴밀한 정보 교류를 통해 재판에 적극적으로 임한다. 특히 산모인 경우 마약재판법원에서 최대한 지원받도록 한다.

3단계: 독립적인 삶의 시작

엄마와 자녀, 혹은 산모가 독립적으로 살아갈 수 있도록 준비하는 단계다. 마약중독을 치료하고 엄마로서 자신을 어떻게 관리하고 자녀 양육와 일의 균형을 유지하며 잠재적으로 일어날 수 있는 재발과 실수에 대처하는 방법을 설명한다.

EMP 프로그램(약물 치료, 가족상담, 육아 기술 개선, 기타 사회복지 서비스)은 재판 후 바로, 집행유예 기간, 가석방, 출소 직전, 출소 직후 때를 가리지 않고 시작하는 것이 좋다. 치료 프로그램에 18개월 이상 참가한 산모들을 측정한 결과 다른 지역에서 진행되는 집중 사례 관리(ICM, Intensive Case Management) 서비스를 받은 산모보다 더 좋은 성과가 있는 것으로 나타났다.

프로그램 결과는 개별 검토와 함께 아동복지 상태(아동학대), 어머니의 약물 사용 상태(소변검사, 중독심각도), 가족관계 회복, 산모의 건강, 갈등을 해결하는 능력을 측정해서 분석한다. 아동복지 상태를 측정하는 자료는 취침 시간과 사후 관리 기간 중 대면 접촉을 통해 수집된다.

EMP 프로그램은 현재 시행되고 있는 비슷한 프로그램들보다 더 긍정적인 결과를 가져왔다. 우선 프로그램에 참가한 산모와 엄마들의 약물 사용이 줄었고, 신체적 정신적 건강이 개선되었으며, 가족 간의 건강한 기능 회복과 아동학대 위험 감소 등 여러 가지 긍정적인 효과를 보인다. 특히 엄마의 마약중독은 가정에 심각한 위협이 되는 요인으로 엄마의 건강과 자녀의 양육, 가족의 해체 등 여러 가지 사회복지 부담이 가중된다.

볼티모어의 가족회복 프로그램(Baltimore City FRP)

가족회복 프로그램(FRP, Family Recovery Program)은 부모가 마약치료를 받는 동안 자녀들은 위탁가정에 머물게 되는데 이러한 시간을 줄이기 위한 것이다. 부모와 자녀에게 통합적인 사회복지 서비스를 지원해 독립적인 가정으로 건강하게 생활할 수 있도록 돕는다.

신생아와 5세 미만의 자녀를 둔 약물중독자 부모나 법적 보호자가 최소 1박 이상 보호시설에 수용된 적이 없고, '도움이 필요한 어린이들(CINA, Children in Need of Assistance)' 청원서에 명시된 적이 없는 경우에 가능하다.

부모가 마약과 약물 치료로 재판받는 동안 위탁가정에 맡겨지지 않고 부모와 자녀가 함께 살아갈 수 있도록 통합적인 지원을 통해 자립을 돕는 프로그램이다. 위기의 아동은 CINA의 절차에 따라 즉각적이고 집중적인 서비스를 제공받는다. 부모가 법원에 CINA 청원서를 제출해 FRP 프로그램을 요청하고 심사를 거쳐서 선발되면 지원받을 수 있다.

FRP은 메릴랜드 청소년 법원이 관리하며 법정에서 제시한 날부터 1년 동안 참가한다. FRP 프로그램은 1년간 가족이 머물 수 있는 집에서 24시간 보안과 집중적인 관리를 받으며 중독치료를 해나간다. 개인상담, 집단상담, 재발 예방, 기본적인 의료 및 보건 서비스, 영양교육, 육아 양육 기술, 가정폭력 예방 등의 교육이 포함된다. 중독자들의 자발적인 모임인 A.A.와 N.A. 12단계 모임에 참가해야 하며, 부모들에게 정신건강 관리, 교통, 주택 지원, 사례별로 필요한 복지 서비스를 제공한다.

이 프로그램은 각 사례별로 필요한 사항에 맞춰서 집중적이고 지속적인 치료와 서비스를 지원한다. 매주 FRP 법원 미팅에 참석해 마약을 중단하고 자녀를 안전하게 양육하고 있는지, 규정 사항을 잘 준수하는지 평가받는다. 무작위 선발로 약물검사를 실시하고 선발된 경우 검사 결과 보고서를 제출해야 한다.

집중적이고 통합적인 지원 정책으로 정부의 개별적, 사안별로 지원하는 것보다 경비는 줄어들고 가정이 독립적으로 자립하는 데 더욱 효과적인 것으로 나타나고 있다.

치료와 생활을 책임지는 재활치료 센터

데이톱(Daytop)

1963년 윌리엄 오브라이언(William O'Brien)과 대니얼 헤럴드 캐스릴(Daniel Harold Casriel)에 의해 설립된 데이톱은 치료에 대한 교육과 운영을 진행하는 비영리단체다. 처음에는 뉴욕의 브루클린 교정 시스템에서 남성 보호관찰 대상자들이 스태튼 아일랜드(Staten Island)의 주택에 머물면서 시작되었다. 현재는 5개 주에 28개로 늘어났고, 프랜차이즈 형태로 발전을 거듭하고 있으며, 마약중독과 약물남용 치료 기관의 대표적인 모델이 되었다.

미국에서 가장 오래된 약물 치료 프로그램 중 하나인 데이톱의 프로그램은 지역을 기반으로 한 치료 방법으로 중독자 간의 상호작용을 강조한다. 이와 같은 치료 방법은 '중독자들이 안전감과 정서적 지지를 받는 공동체'의 인정을 받으면서 성공적으로 정착되어 성장을 거듭해 왔다.

1980년 데이톱 빌리지에 당시의 영부인 낸시 레이건(Nancy Reagan)이 방문하면서 미국의 마약 실태와 마약이 청소년들에게 미치는 심각한 상황을 널리 알리는 계기가 되었다. 그 후 낸시 레이건이 마약의 위험성을 알리는 예방 캠페인으로 만든 '아니오!라고 말해(Just Say No)' 프로그램이 전국적으로 퍼져나갔다.

2015년 말 데이톱 빌리지와 사마리안 빌리지(Samaritan Village)가 합병했다. 사마리안 빌리지는 의료 서비스를 50년 이상 운영해온 비영리단체로 합병 이후 마약과 알코올 치료 전문병원으로 운영되고 있다. 사마리안 데이톱 빌리지는 입원환자와 외래환자를 대상으로 개별 치료 계획을 수립해 서비스를 제공한다. 지역사회와 연계해 서비스를 받으며 치료를 안전하게 받을 수 있는 생활공간을 지원한다. 치유를 목표로 지속적인 서비스와 프로그램 개선을 위해 노력하고 있다.

모든 프로그램에서 '전인적 접근'을 취하며, 과학적으로 입증된 방법으로 중독과 관련 장애를 해결하려고 노력한다. 치료에 참가하는 스태프와 봉사자들은 중독자의 신체적, 정신적 치료뿐만 아니라 건강 문제를 적극적으로 개선하기 위해 노력하고 있다. 외래환자 치료 프로그램은 참가자들이 치료하면서 학업과 직장 그리고 가정생활을 병행할 수 있도록 지원하고 있다.

PARC(Peer Assisted Recovery Center)은 사마리안 데이톱 빌리지의 가장 돋보이는 프로그램 중 하나다. 중독을 치료하는 과정에서 같은 중독 문제를 안고 있는 동료들의 지지와 격려를 통해 용기를 얻으며 회복하는 프로그램이다. 퇴역군인, 가족, 노숙자, 노인, 중독으로 고생하는 사람들에게 워크숍과 그룹 세션, 회복 코치 교육, 사회 및 레크리에이션 활동, 직업 지원, 개인과 가족 간 지원 등 다양한 치료 프로그램을 50개 이상 운영하며, 중독치료에 대한 정보와 교육을 제공하고 있다. 이 센터는 약물 및 알코올 치료와 분노관리, 육아, 직업 평가, 재발 예방, 재발 회복, 인지행동 치료, 경계성 인격장애를 다루는 변증적 행동요법 등도 제공한다. 가석방 및 보호관찰관의 추천을 받아 음주운전자들을 위한 12주 교육과정과 고등학교 검정고시 과정(GED)을 준비하고 있다.

여성 전문 재활치료 센터

팀버라인 크놀(Timberline Knolls, www.timberlineknolls.com)은 12세 이상의 여학생부터 성인 여성만을 위한 여성 전용 재활치료 센터로 전문적인 임상치료 서비스와 프로그램으로 우수성을 인정받고 있다. 여성들이 주거하면서 치료받거나 외래환자로 부분 프로그램에 참여할 수도 있다. 중독과 함께 여러 가지 질환(우울과 조울증, 산후우울증, 자해, 사회적 불안, 트라우마, 경계성 인격장애, 강박장애)과 식이장애(폭식증, 거식증, 강박적 과식, 식품중독, 설사약 남용, 섭식장애) 등을 겪고 있는 여성들을 위한 치료 서비스를 제공한다.

여성들이 경험한 깊은 상처와 트라우마를 치유해 극복할 수 있도록 돕고 있으며, 그들이 개인적인 성장과 변화를 통해 일상으로 회복될 수 있도록 돕는다. 비슷한 어려움을 경험한 같은 연령대의 여성들과 함께 생활하면서 안정적이고 긍정적인 또래집단의 지지와 건강한 대인관계를 형성해나갈 수 있도록 지원한다.

학교생활에 적응하지 못하거나 중독에 빠진 어린 여성이 재활치료 센터에 입주해 프로그램에 참여하는 경우 영어, 수학, 과학, 사회 분야의 전문 교사들이 개별적인 교육을 제공한다. 이곳에서 치료받은 후에도 지속적인 관리와 모임을 통해 건강하게 일상적인 생활을 지속해나갈 수 있도록 돕는다.

청소년 전문 재활치료 센터

뉴포트 아카데미(New Port Academy, www.newportacademy.com) 치료센터는 청소년을 위한 전문 치료 시설로 청소년과 그 가족이 함께 치료 과정을 이수할 수 있는 서비스를 제공한다. 청소년들이 마약중독과 약물남용, 정신건강 문제, 섭식장애 등을 치료할 수 있도록 지원한다.

청소년의 치열한 성장 과정과 특성을 이해하고 가족과 주변 환경에서 소속감과 연대감을 느끼고 자존감을 회복해 주도적인 삶을 살아갈 수 있도록 돕는다. 부모님들에게는 10대 자녀를 이해하고 소통하는 기술을 가르쳐주고 가족 간에 깊은 신뢰를 회복할 수 있는 가족치료를 시행하고 있다.

뉴포트 아카데미 데이스쿨을 운영해 재활치료 시설에 입소해 치료받는 청소년들이 학업을 이어갈 수 있도록 지원한다. 뉴포트 아카데미는 청소년과 가족의 상황, 학업, 그리고 그들의 행동을 다양한 방법으로 모니터링하며 중독치료에 도움을 준다.

그 밖에 가족과 가족관계를 기초로 한 부착 기반 가족 치료(ABFT, Attachment-Based Family Therapy)와 아카데미 데이케어가 운영되고 있다. 가족관계를 기반으로 한 부착 기반 가족치료 프로그램은 다섯 가지 작업치료 단계를 기준으로 개별상담 후 계획과 목표를 세워서 진행한다.

응급 중독자를 위기에서 구하는 법

최초 대응자를 위한 응급환자 처치교육

마약이나 약물에 취해 있을 때는 위험의 정도나 자신의 건강 상태가 어떠한지 제대로 인식하지 못하고 짧은 순간 위험한 상황에 내몰린다. 응급한 상황에서 응급처치를 받지 못해 목숨이 위태로운 지경에 이르기도 한다. 실제로 목숨을 잃는 경우도 많다.

이런 위급한 상황에 처한 사람들을 구조하고자 세인트조셉대학(St. Joseph University)은 'CARE(Center for Addiction and Recovery Education) 프로그램'을 실시하고 있다. CARE 연구팀은 중독에 대한 이해를 증진하고 사회의 모든 계층에 걸쳐서 중독의 피해를 줄이는 데 중점을 두고 연구하고 있다. CARE 프로그램에서 실시하는 '파닉스 트레이닝' 과정은 마약중독자가 위급한 상황에 처했을 때 가장 먼저 만나는 직업에 종사하는 사람들을 교육해 올바른 응급처치를 통해 위기에서 구하기 위한 것이다.

피닉스 트레이닝(Phonenix Training)의 '최초 대응자 교육'은 중독과 트라우마를 이해하고 위험한 상황을 극복하고 생명을 구하는 교육을 실시한다. '동료 챔피언 교육 및 네트워크'를 통해 정신적 지지와 커뮤니티에 좋은 영향을 미칠 수 있는 교육이다.

교육을 듣는 대상자는 마약중독자를 최초로 대응하는 경찰, 소방관, 응급환자 전문가, 상담가 등이며, 점점 확대해 마약재판 판사, 검사, 국선변호사, 보호관찰관, 가석방관, 교관 등을 대상으로 하고 있다. CARE와 파트너십을 맺은 기관에서 일하는 관련 업무 종사자들에게도 교육을 실시하고 있다.

세인트조셉대학에서 2020년에 시작한 CARE 프로그램과 학교 내에서 운영하는 '중독과 회복을 위한 교육관'을 통해 중독자 치료와 교육을 함께 받을 수 있다. 마약과 약물 과다복용의 위험성과 중독자에 대한 오해와 편견을 줄여나가는 교육과 마약중독 예방과 중독자들이 쉽게 치료를 받을 수 있도록 안내하고 홍보하는 교육 프로그램이다.

쉽게 활용할 수 있는 마약 관련 온라인 강좌

약물과 음주 등의 문제로 법정 및 보호관찰 요건을 충족하기 위해 강의를 듣고 증명서를 제출해야 하는 경우도 있다. 형이 확정되지 않은 상태에서 '약물 및 알코올에 대한 이해'와 관련한 온라인 강좌를 듣고 수료증이나 이수증명서를 발급받아 제출하면 재판관, 법원직원 또는 보호관찰관에게 반성과 회복의 의지를 보여줄 수 있다.

물론 온라인 강좌를 인정하지 않거나 이수 증명서를 가치 있게 받아들이지 않는 경우도 있다. 그러나 마약의 위험성과 중독되었을 때 따르는 문제들이 무엇인지를 배우는 것은 비록 형식적이라 할지라도 의미 있는 일이다. 그리고 강좌 이수 증명서를 제출해서 형량 감량이나 집행유예를 이끌어낼 수도 있다. 자발적인 교육이 아니라 하더라도 약물에 대한 위험을 제대로 배울 수 있는 기회이며, 한국에서도 어렵지 않게 적용해볼 수 있는 교육 방법이다.

온라인 강좌 수강 시간은 4~8시간(레벨 1), 16시간(레벨 2), 24~52시간(레벨 3) 또는 12~52주까지 선택 가능하다. 수강 내용은 약물 및 알코올 이외에도 부모 교실, 분노조절 과정, 온라인커뮤니케이션 서비스, 가정폭력 교실, 도난 및 도벽 교실 등 중독과 동반되는 문제들을 해결하는 데 도움이 되는 강좌들이 있다.

글을 마치며

내가 한국에서 경험했던 청소년 문제는 가출, 학교 부적응, 인터넷 중독, 본드 사용 등이었는데, 미국은 마약이 성인이나 청소년 할 것 없이 사회 전반에 걸친 문제였다. 처음에는 어떻게 청소년들이 마약에 노출되고 왜 치료를 제대로 못 받는지 궁금했다. 뉴비전 청소년센터에서 상담과 생활지도를 하며 마약중독의 위험성을 가볍게 여겨 큰 문제로 발전한 사례, 제대로 된 치료를 받지도 못한 채 서로 아픈 상처를 끌어안고 살아가는 경우를 많이 보게 됐다. 그래서 이 책을 통해 현재 청소년들이 어떤 상황에 처해 있으며, 이러한 안타까운 일들과 고통을 줄일 수 있다고 말하고 싶었다.

몇 년 전부터 치료용 마리화나 판매를 합법화되는 주가 늘어나면서 점점 더 마리화나나 마약을 심각하게 생각하지 않는 사회 분위기가 만연하는 듯하다. 청소년들도 마약을 쉽게 구입할 수 있고, 인터넷으로 쉽게 사고팔 수 있는 실정이다. 마약중독 문제를 해결하기 위해 예방 캠페인과 교육, 관련 법, 치료기관도 이루 말할 수 없이 많다. 학교와 많은 관련 단체에서 전방위적으로 예방과 치료를 위해 노력하고 투자를 아끼지 않음에도 불구하고 중독자는 점점 더 늘어나고 있다.

교포 가정의 청소년과 청년들 중에도 중독자들이 늘어나고 있는데도 중독치료를 하는 비율은 매우 적다. 마약중독의 위험성을 제대로 알지 못한 채 시간이 지나면 해결된다고 생각하거나 체면 때문에 다른 사람들이 알게 될까 봐 적극적으로 치료에 나서지 못하는 것이다.

마약의 위험성에 대해 교육받은 적도 없고 알지도 못한 채 우연히 마약을 하는 청소년들과 그들의 부모님들을 만나면서 외로운 아이들이 많다는 것을 알게 되었다. 가끔은 실수로, 더러는 집에서 인정받지 못해서 밖으로 떠도는 아이들은 집 밖에서 친구들과 어울리며 마약으로 위로를 받는다. 자녀들이 마약중독이 되었을 때는 다른 일은 접어두더라도 최우선적으로 치료에 나서야 하는데도 아이들의 중독치료는 뒷전으로 밀리기 일쑤다.

자녀를 둔 부모나 청소년들을 가르치는 선생님들은 한 번쯤 마약과 마약중독에 대해 생각해봐야 한다. 내가 알지 못하는 사이에 자녀가 먹은 처방약이 중독성이 있다든지, 담당하는 학생이 약을 먹어가면서 무리하게 공부와 작업을 하는 것은 아닌지, 그것이 방치하면 나중에 어떤 문제가 나타나는지를 알아야 예방도 할 수 있다. 또 중독자를 위한 정책과 제도로 잘 만들어져야 겠지만 관련 분야에 종사하는 사람들도 적극적으로 중독자를 위한 상담과 치료 프로그램을 만들어 많은 사람들이 혜택을 볼 수 있도록 마중물이 되었으면 한다.

마약에 대한 인식은 한국이든 미국이든 별 차이 없다. 마약중독에 대한 이해나 심각성을 알지 못하기에 기피하고 숨기기만 한다. 정부는 마약 거래와 중독자의 숫자조차 제대로 파악하지 않고 있기 때문에 마약중독 예방과 치료에 얼마나 어떻게 지원해야 할지 아무런 대책을 수립할 수 없다. 그사이 개인은 치료를 제대로 받지 못해서 방치되고 재중독이 반복적으로 일어나고 있다. 많은 사람들이 마약에 대한 위험성을 인지하고 어린 아이들에게는 예방 교육을 하고, 중독자들에게는 치료 기회를 제공해야 한다.

중독전문가협회와 식품의약품안전처 등 관련 단체들이 한국의 마약 거래량과 중독자 인구가 가파르게 증가하는 심각한 상태라는 것과 처벌만이 능사가 아니고 중독자를 치료 대상으로 보고 관련 제도를 마련하기 위해 연구하고 있다고 한다.

이처럼 필요성을 느꼈을 때 빠르게 정책을 수립하고 제도를 만들어가야 한다. 마약중독자 치료를 위해 필요한 인력이나 치료를 위한 의료보험은 크게 문제되지 않는다. 중독전문가협회와 여러 대학에서 중독상담가와 재활치료를 돕는 인력들을 양성하고 있고 비용은 국민의료보험으로 충당할 수 있다. 국민의료보험을 사용하지 않더라도 중독자 스스로 해독을 위해 병원이나 치료기관을 찾을 수 있는 환경이 마련되기를 바란다.

감사의 말

이 책을 쓰면서 지난 시간을 돌아보면 힘들고 지친 날들이 많았지만 보람 있고 기쁜 날들이 더 많았다. 채왕규 목사님과 함께 일할 수 있어서 감사드리며, 한 사람에게라도 더 도움을 주는 가치 있는 일을 할 수 있게 기회를 주시고 배울 수 있는 시간이었다.

중독의 힘든 분야에서 따뜻한 공감과 동료애 그리고 더불어 배우며 성장할 수 있도록 도와주신 강원대학교 부설 중독과 트라우마 회복연구소 김혜선 교수님과 김경옥 선생님, 크고 작은 실수에도 또 배우고 나아갈 수 있도록 한결같은 모습으로 지도해 주신 제이 리 선생님에게도 감사의 말씀을 드린다.

오랜 시간이 흐른 사례들을 꺼내기가 쉽지 않았고, 나의 부족함으로 인해 더 많은 도움이 되지 못했던 사례들이 기억나 미안한 마음이 들었다. 그런 감정이 들어 포기하고 싶을 때마다 응원을 해주고 이모를 위해 손발이 되어준 사랑하는 조카 아름이와 현진이에게도 고마움을 전하고 싶다.

내가 보람을 느끼며 계속해서 즐겁게 일할 수 있었던 것은 사랑하는 부모님과 가족, 김정일 장로님, 많은 친구들의 도움이 있었기에 가능했던 일이다. 뉴비전청소년센터에 물질적 후원과 지지를 아끼지 않았던 이주향 회장님과 지치고 힘들 때면 따뜻한 위로와 응원을 아낌없이 주었던 김경희 선생님과 기도해준 이주영 권사님과 늘 함께 한 이인영 교수님도 고마운 마음을 전한다.

미국의 마약 재판과 치료시설 그리고 정책 자료들을 모을 때 사람을 연결해 주고 시설 방문을 위해 애써주신 서재필기념재단 최정수 회장님과 윤승영 선생님에게도 특별히 고마움을 전한다.

두서없고 미흡한 내용의 글들이 책의 모습으로 나올 수 있도록 도와주신 라온북 조영석 소장님 그리고 정성을 다해 책을 만들어 주신 출판부 분들께 진심으로 감사의 말씀을 드린다. 미래의 독자 여러분께도 미리 고마운 마음을 전해둔다.

북큐레이션 • 현재의 어려움을 극복하고, 새로운 삶을 시작하고 싶은 이들을 위한 책

《다시, 집으로》와 함께 읽으면 좋은 책. 현재 처한 나의 상황을 명확하게 깨닫고, 용기 있게 다시 한 걸음을 내딛는 당신을 응원합니다.

행복한 사람은 이렇게 삽니다

김나미 지음 | 14,000원

감정의 소용돌이에서 벗어나
단단한 사람이 되는 긍정의 기술

마음이 아픈 사람들이 점점 많아지고 있는 요즘이다. 이 책은 삶에 긍정적인 요인을 채우는 마음 안경인 '플러스 라이프로 살아가는 훈련법'을 소개한다. '긍정적인 나'를 위한 훈련들은 내 안에 꼭꼭 숨겨져 있던 긍정성을 발견하게 돕는다. '존중하는 너'가 되기 위한 훈련은 주변 사람들과 좋은 관계를 유지하는 방법을 알려준다. '함께하는 우리'가 되기 위한 훈련은 확대된 세상과 연결되어 의미 있는 삶을 살아가도록 한다. 또한 활동지를 함께 수록해 실제 삶에 적용해 볼 수 있도록 돕는다.

오늘 밤은 맘 편히 자고 싶어

이원선 지음 | 14,500원

행복을 '찾기 위해서'가 아닌
행복을 '보는 눈'을 갖기 위한 심리학

뭔가를 이루면 정말 행복할 것 같아 아등바등하며 살아가지만 그것을 이루고 나면 공허하다. '내 본능을 절제하고 앞에 보이는 저 목표를 달성하면 행복할 거야'라는 생각은 이제 내려놓자. 우리의 뇌 자체가 애초에 욕망이 먼저 작용하도록 태어났으며 우리의 이성은 욕망을 돕는 역할일 뿐이기 때문이다. 지금 인생에서 최악의 상황과 아픔, 충격들을 겪고 있는가? 그런 당신을 축복한다. 분명 그것은 새로운 시작점이 될 수 있다. 이 책에는 그런 이야기들이 담겨 있다. 이 책이 당신의 마음속에 숨겨있던 진정한 행복을 찾아줄 것이다.

컬러는 나를 알고 있다

진미선 지음 | 15,500원

"색을 알면 내 마음도, 상대의 마음도 알 수 있다!"
나의 색을 알고 나답게 잘사는 방법

다양한 사람들을 만나 상담과 색채 심리 프로그램을 진행해온 저자는 자신의 색을 알아보고 자신의 컬러대로 살아가는 길을 안내한다. 책에 실린 나의 색을 찾을 수 있는 '마인드 컬러 자가진단표'와 '나의 상태를 알 수 있는 세 가지 컬러', '마인드 컬러 보완색 찾기', '색으로 만나는 관계 패턴' 등은 이 길의 충실한 안내 지도가 되어준다. 현재에 만족하지 못해 돌파구를 찾는 사람, 관계로 힘들어하는 사람 등 어려운 시기를 살아가는 많은 이들에게 내가 착각하고 있는 나, 내가 바라는 나, 관계 속의 나를 알고 스스로를 돌아보는 방식을 제시해 줄 것이다.

일시정지는 처음이라

정보람 지음 | 13,800원

몸과 마음의 활력을 잃은 이들에게 전하는
셀프 힐링을 위한 지침서

저자는 임상이 멈추고 나서야 예전에는 미처 알지 못했던 많은 것들을 깨닫게 되었음을 고백하며, 아무것도 할 수 없을 때가 잃어버린 자신의 속도와 활력을 되찾을 기회라고 제안한다. 무엇보다 일시정지된 시간을 불안함으로 채우기보다 재충전과 자신을 돌아보는 시간으로 채우는 데 집중하라고 한다. 어려울 때일수록 마음을 심연으로 가라앉게 하지 않기 위해 몸과 마음을 돌보고 긍정 에너지를 높이려 애써야 한다고 강조한다. 저자가 제안하는 방법은 마음이 허기지고 삶의 활력을 상실한 많은 이들에게 긍정의 에너지를 채우는 법을 알려줄 것이다.